AF384582

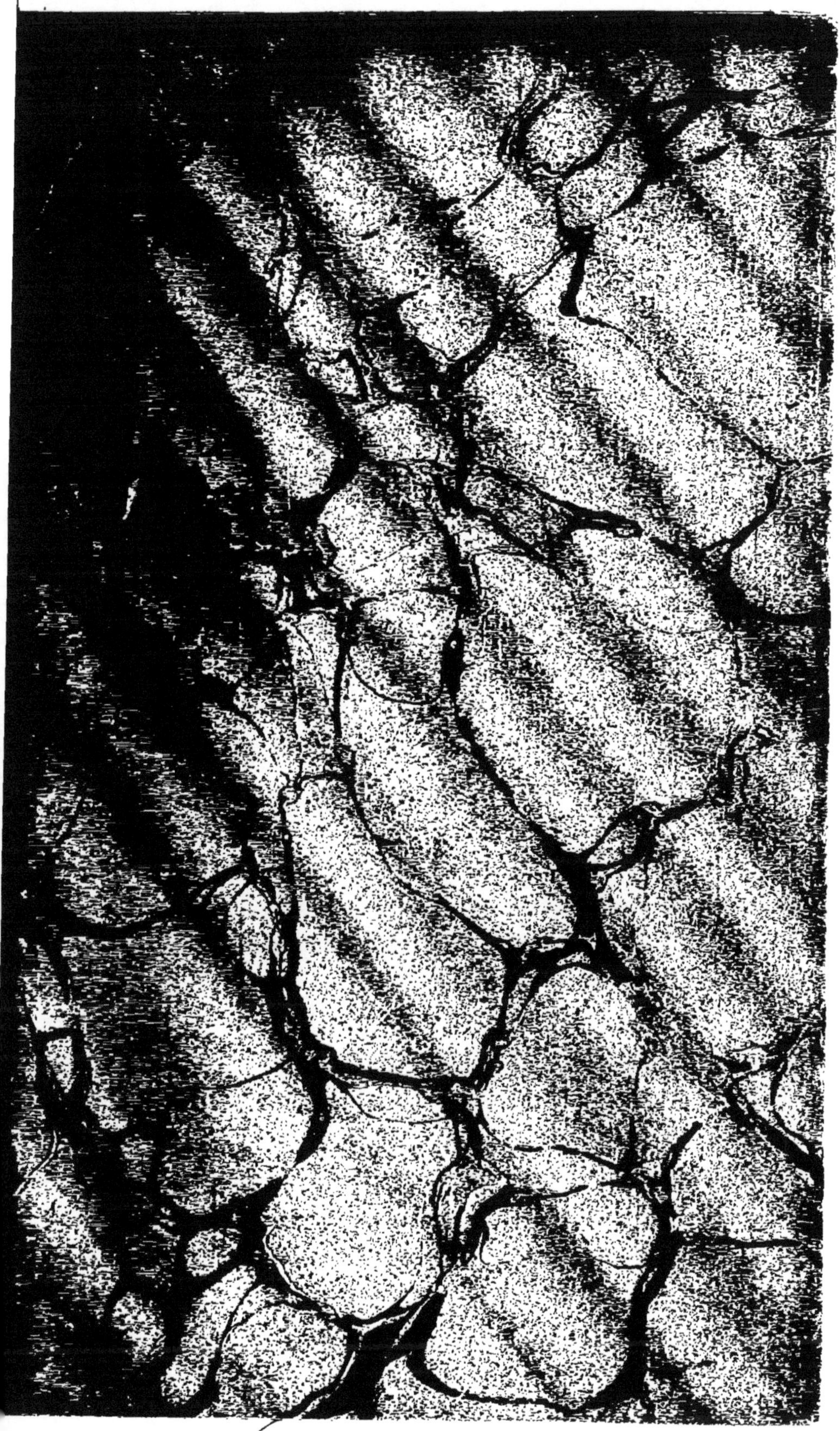

GUERRE DE 1870

ET LE

E DE PARIS

IONS, NOTES ET IMPRESSIONS

D'UN

OFFICIER RUSSE

à l'État-Major de l'armée allemande

M. ANNENKOV

Traduction de NICOLAS VÈRE

« Nous rendre!... Voilà un mot que je ne
comprends pas. En avant...... Suivez-
moi!...Hourra! »

Sorvonov.

PARIS

BRAIRIE CENTRALE

9, RUE DES BEAUX-ARTS

1872

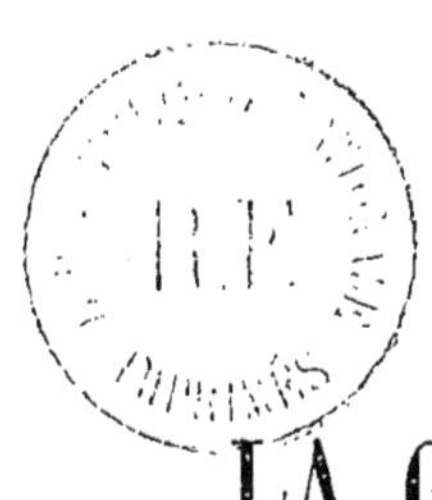

LA GUERRE DE 1870

ET LE

SIÉGE DE PARIS

LA GUERRE DE 1870

ET LE

SIÉGE DE PARIS

OBSERVATIONS, NOTES ET IMPRESSIONS

D'UN

OFFICIER RUSSE

attaché à l'État-Major de l'armée allemande

M. ANNENKOV

(Traduction de Nicolas Véré)

> « Nous rendre!... Voilà un mot que je ne comprends pas. En avant,...... Suivez-moi!...Hourra! »
>
> SOUVOROV.

PARIS

LIBRAIRIE CENTRALE

9, RUE DES BEAUX-ARTS

1872

TABLE DES MATIÈRES

AVANT-PROPOS

Les succès rapides et extraordinaires des Prussiens dans la première période de la campagne, les défaites, sans pareilles dans l'histoire, qu'ont subies les armées françaises du second empire, qui presque en totalité se sont rendues prisonnières aux troupes allemandes, tels sont les événements qui ont profondément frappé l'Europe et jeté dans l'inquiétude les esprits habitués à réfléchir. Quelle explication donner à ces faits étonnants? Comment la gloire militaire de la France, qui date depuis tant de siècles, s'est-elle évanouie au choc d'une puissance toute nouvelle en Europe?

Les défaites de l'Autriche dans la campagne de 1866 sont facilement expliquées par l'armement supérieur de l'infanterie prussienne. Le fusil à aiguille joue là le premier rôle. Aussi voyons-nous, après la défaite de Kœnigsgraetz, toutes

1.

les puissances de l'Europe — même la Turquie, ordinairement si lente à introduire les innovations administratives — se hâter en même temps de changer l'armement de leur infanterie et dépenser des sommes énormes pour acquérir au plus vite ce qui leur paraît l'unique moyen de salut. Mais qu'est-il arrivé dans la guerre actuelle? les qualités magiques du fusil à aiguille ont notablement perdu de leur prestige. Les batailles récentes ont prouvé d'une manière évidente que le chassepot, qui est l'arme française, a sur le fusil prussien une supériorité incontestable de portée et de précision. En outre, les troupes françaises, qui, de l'aveu de leurs officiers comme de leurs ennemis, se sont battues comme des lions, avaient des mitrailleuses qui dans certaines occasions ont donné avec une grande vigueur. Malgré ces avantages, la lutte prusso-française offre deux événements sans exemple dans les annales militaires de l'humanité : la capitulation de Sedan et celle de Metz, événements qui surpassent de beaucoup tous les faits analogues qui nous sont rapportés par l'histoire. La fameuse capitulation de Mack à Ulm ne se trouve-t-elle pas effacée par celle d'une armée de 80,000 hommes et d'une autre armée de 170,000, forcées par le vainqueur de passer sous le joug?

De quelle manière expliquer les succès merveilleux de la Prusse, en ne perdant pas de vue les avantages réels de son adversaire sous le rapport des armes portatives?

C'est que, selon Jomini : « la guerre est un » grand drame, dans lequel mille causes morales » ou physiques agissent plus ou moins fortement, » et qu'on ne saurait réduire à des calculs mathématiques. » (*Précis de l'art de la guerre*, page 11.)

Partageant l'intérêt profond avec lequel notre société suit toutes les phases de la lutte sanglante de deux peuples qui représentent la civilisation européenne, nous voudrions éclaircir, ne fût-ce qu'en partie, ce qui a le plus contribué aux succès prussiens dans la première période de la campagne.

Nous disons : *dans la première période* de la campagne, parce qu'immédiatement après la catastrophe de Sedan, sous le nom de Gouvernement de la défense nationale, quelques hommes se sont emparés du pouvoir, que grâce à des efforts surhumains, sans cadres et pour ainsi dire sans officiers et sans généraux, ces hommes ont réuni de nouvelles armées dont l'équipement est tout ce qu'il y a de plus défectueux et n'ayant pour fusils que des armes de tous les systèmes, achetées sur les divers marchés de l'Europe et de l'Amérique, et que cependant ces armées tiennent tête à l'ennemi et défendent vaillammet la réputation guerrière de la France, l'intégrité et la dignité de leur patrie; ce qui n'empêche pas les capitulations de Sedan et de Metz d'être, comme nous l'avons déjà dit, des événements militaires dont l'histoire n'offre pas d'exemple.

La guerre n'est pas encore terminée (1); on ne saurait prédire positivement quel sera le résultat de cette lutte acharnée. Il va donc sans dire que la question que nous étudions ne peut pas encore être traitée à fond. Mais, grâce aux observations que nous avons faites sur le théâtre de la guerre et en y joignant les renseignements publiés jusqu'à présent à l'étranger, nous croyons

(1) Cet ouvrage a été écrit au mois de décembre 1870.

qu'il est possible de signaler les causes principales de ce succès.

Ces causes sont très-variées. Nous ne nous chargeons nullement d'expliquer toutes les circonstances, qui, dès l'ouverture des hostilités, ont contribué à faire pencher la victoire du côté de la race germanique ; nous demandons uniquement au lecteur la permission d'énumérer celles de ces causes qui ont le plus frappé un témoin oculaire.

I

1. — Niveau général de l'éducation dans les armées belligérantes.

En 1866, après la défaite de l'Autriche, on répétait partout en Europe : « Avec le fusil à tir rapide, c'est le maître d'école prussien qui a remporté la victoire. » Le mot ne manquait pas de vérité. Tous les soldats prussiens passent par l'école populaire et obligatoire, et la supériorité de leur développement intellectuel ne peut être mise en doute. Sauf de très rares exceptions, dans les régiments de l'armée prussienne il n'y a personne qui ne sache lire et écrire. De plus, le service militaire, obligatoire pour toutes les classes de la société à peu près sans exception ni restriction, attire dans les rangs de l'armée, en qualité de volontaires, un très-grand nombre d'hommes parfaitement bien élevés et moralement développés. De ce milieu sortent, la plupart du temps, des sous-officiers actifs, instruits de leur métier, qui communiquent à la discipline de l'armée prussienne un caractère particulier ; ils y font vivre le sentiment des obligations militaires, l'intelligence du devoir et l'obéissance parfaite, qualités indispensables pour atteindre le but que se propose un général en chef.

Dans une armée ainsi composée, les différentes parties d'un corps de troupes ne sont plus des machines inanimées ou des automates n'agissant que sur un ordre, marchant derrière leur chef, et perdant la tête quand ils perdent leurs officiers ; ce sont, au contraire, des individualités qui réfléchissent et remplissent jusqu'au bout la mission qui leur est assignée, sachant en même temps profiter de toutes les modifications accidentelles dans le cours de la bataille. Si une troupe pareille venait à perdre tous ses officiers, ce qui est arrivé plus d'une fois dans les luttes sanglantes de la guerre actuelle, elle n'en serait pas moins menée au combat, et en serait ramenée presque dans le même ordre et presque avec le même savoir-faire, par l'aîné des sous-officiers restés vivants, ou même par un simple soldat.

Comme l'obligation de fréquenter l'école militaire et de servir la patrie est générale en Allemagne, ce pays peut, en cas de guerre, mettre en campagne, non pas des hordes de Huns et de Vandales chez qui le service militaire serait généralement obligatoire, mais une belle armée, parfaitement organisée, où tout le monde remplit sa tâche en se rendant compte de ce qu'il fait, et en comprenant les devoirs qui lui incombent.

Si l'éducation générale des soldats explique la supériorité de l'armée prussienne, cette supériorité devient plus évidente quand on réfléchit sur le niveau élevé de l'éducation des officiers. En effet, les officiers reçoivent une éducation première dans le corps des Cadets ou dans les écoles civiles ; mais ce n'est là qu'une préparation à une culture supérieure, qu'ils obtiennent par des lectures choisies, par l'étude incessante des sciences militaires, soit en théorie soit en pratique.

Dans les environs de Paris, chaque division de l'armée alliée qui assiége la ville a un point d'observation et quelquefois deux. Ces points sont organisés dans les maisons les plus élevées, d'où l'on peut suivre tous les mouvements de l'ennemi. Chacun de ces points est occupé par un jeune officier, ordinairement un lieutenant, qui a pour l'assister deux sous-officiers, fournis à tour de rôle par les régiments de la division. Ainsi que nous venons de le dire, le devoir de cet officier consiste à observer les mouvements de l'ennemi, à noter journellement, et heure par heure, tout ce qui se passe en face de lui ; enfin, à envoyer aux chefs des rapports sur tous les changements survenus dans les positions de l'adversaire.

Chaque fois qu'il nous arrivait de visiter un de ces points d'observation, il était impossible de ne pas admirer comme ces jeunes officiers s'acquittaient merveilleusement de leur service. Avec une précision remarquable, ils nous expliquaient, sur la carte d'abord et ensuite par la fenêtre en indiquant du doigt les localités environnantes, la disposition des divisions dont ils faisaient partie, et celle des troupes ennemies, ainsi que les mouvements nouvellement opérés par celles-ci. Et cela n'est nullement un fait isolé ou extraordinaire. Tous les commandants de compagnie ou de bataillon que nous avons eu l'occasion de rencontrer, nous expliquaient, avec la même connaissance et la même habitude de lire sur la carte, toutes les particularités de la localité où se trouvaient leurs corps, ainsi que le but et la destination de leurs détachements respectifs.

Prenez maintenant l'armée prussienne, où la presque totalité des soldats sait lire et écrire, et comparez-la à l'armée française, dans laquelle, d'après les derniers renseignements, il n'y a que 60 0/0 de soldats qui aient la même instruction ; prenez ensuite les officiers prussiens, solidement instruits, connaissant à fond leur métier, sérieusement préparés par la théorie et la pratique aux devoirs de leur profession ; comparez-les à ceux de l'armée française, où, avant la dernière guerre, les officiers consacraient si peu de temps à étudier leur profession, et, cette double comparaison faite, vous comprendrez que réellement *le maître d'école allemand* a été l'un des éléments essentiels dans cette suite de triomphes qui honorent la Prusse et remplissent l'Europe d'étonnement.

Dans l'esquisse comparative des forces de l'Allemagne et de la France, nous donnons des détails plus minutieux sur les premières que sur les secondes. Et cela, d'abord parce que l'armée prussienne présente un intérêt général, puis surtout parce que le service militaire va bientôt devenir obligatoire pour tout le monde dans notre pays.

Voulant être bref, nous ne pouvons tracer un parallèle entre les deux armées belligérantes, et nous nous bornons à exprimer une pensée : c'est que, autant l'armée prussienne est remarquable par l'éducation et la discipline, autant, selon nous, ses adversaires manquent de ces qualités.

II

ORGANISATION MILITAIRE DES ARMÉES DE L'ALLEMAGNE
ET DE LA FRANCE.

Les défaites de 1807 limitèrent l'armée permanente
de la Prusse à de très-minces proportions. Acceptant
les idées de Charnhorst, elle adopta alors un système
particulier de recrutement. En 1813, quand éclata la
guerre de l'indépendance, elle forma la *Landwehr*, ou
armement général, heureuse institution, qui dès le
début produisit de brillants résultats, permit au gouvernement d'avoir en peu de temps une armée de
250,000 hommes prête à marcher au combat, et, en
organisant un passage rapide sous les drapeaux,
donna à la Prusse le moyen de former au service
militaire la plus grande partie de la nation.

Sans entrer dans de longs détails pour décrire le
système de la Landwehr, que tout le monde connaît,
il suffira de dire qu'en vertu des lois publiées en 1814
et en 1815, le service militaire est obligatoire pour
tous les sujets prussiens sans exception. On ne peut
ni se racheter du service, ni présenter un rempla-
çant.

Des lois récentes ont introduit certaines modifications dans le système militaire prussien. Aujourd'hui, tout citoyen de la confédération germanique, apte à porter les armes et ayant atteint l'âge de vingt ans, doit servir dans l'armée pendant sept ans : trois années dans l'armée active et quatre années, — qui se passent ordinairement en congé, — dans l'armée de réserve. Les cinq années qui suivent (de vingt-huit à trente-trois ans) sont consacrées au service dans la Landwehr.

Dans certains cas, pour des raisons de famille, on accorde aux jeunes gens un délai de un à trois ans. De plus, il existe à titre d'exemption une abréviation de service pour les maîtres d'école populaire et pour les candidats aspirant à ces fonctions, ainsi que pour les armuriers qui s'engagent à travailler au moins neuf ans dans une fabrique d'armes. Les jeunes gens de ces deux catégories ne sont soldats que pour six semaines. Les employés permanents des hospices militaires ne le sont que pour une année.

Indépendamment de ceux qui ont vingt ans accomplis, on reçoit encore dans l'armée active des volontaires : 1° selon la règle générale, c'est-à-dire pour trois ans, tous les jeunes gens qui se présentent ; et 2° pour une année, les jeunes gens qui ont subi les examens requis ou qui sont munis de certificats de collège et qui ont le moyen de s'entretenir à leurs frais. Dans la cavalerie et l'artillerie à cheval, ils paient en plus une somme pour l'entretien du cheval dont ils font usage.

Cette dernière disposition est d'une grande importance. Sans enfreindre le principe du service obligatoire pour tout le monde, elle donne à la jeunesse la possibilité de terminer à temps son éducation. Ses trois ans révolus, tout soldat ayant servi dans l'armée active peut, avec l'approbation de ses chefs, continuer le métier de soldat.

Déjà, en 1866, à l'époque de la dernière guerre austro-prussienne, la Prusse, prévoyant son agrandissement territorial, faisait des préparatifs pour augmenter son armée, de sorte qu'à la fin de la campagne, elle a pu sans peine faire prévaloir son système, non-seulement dans les provinces annexées, mais encore dans les autres États de la confédération du Nord.

Jusqu'à la paix de Prague, l'armée active de la Prusse ne comptait que neuf corps, y compris la garde. Dans ces corps, presque tous uniformément composés, il entrait généralement neuf régiments d'infanterie de trois bataillons, un régiment de tirailleurs, six régiments de cavalerie, une brigade d'artillerie, composée d'un régiment de campagne et d'un régiment de forteresse, un bataillon de sapeurs et un ba-

2.

taillon de train. En tout, près de 30,000 hommes, fantassins ou cavaliers, avec 96 canons.

Une fois le Hanovre, la Hesse, le Nassau et le Schleswig réunis à la Prusse, elle décréta la formation de trois nouveaux corps d'armée. Pour ces trois corps, il fallait former 27 régiments d'infanterie, en comptant 9 régiments par corps. Mais on ne put organiser que 16 régiments; les 11 autres durent être fournis par les contingents des petits États de la confédération. Les troupes du royaume de Saxe, unies à celles de Prusse, forment le 12ᵉ corps d'armée.

De cette façon, l'armée active de l'Allemagne du Nord, sans compter le grand-duché de Hesse-Darmstadt, se compose de 358 bataillons de 1,000 hommes chacun et donnant 358,000 hommes; de 296 escadrons, forts de 44,400 chevaux; de 13 régiments d'artillerie, ayant chacun 12 batteries à pied et 3 batteries à cheval, à 6 bouches chacune, en tout 1170 canons, 936 à pied et 234 à cheval; de 13 bataillons de pionniers, chacun de 4 compagnies (une compagnie de mineurs, deux compagnies de sapeurs et une compagnie de pontonniers), et enfin de 13 bataillons d'équipage, c'est-à-dire un par corps.

La position exceptionnelle du grand-duché de Hesse-Darmstadt, qui a pour ainsi dire un pied dans l'Allemagne du Nord et l'autre dans l'Allemagne du Sud, amena une convention spéciale, datée du 7 avril

1867, en vertu de laquelle toutes les troupes hessoises sont entrées dans l'armée de l'Allemagne du Nord, et ont été versées dans le 11° corps d'armée. Ainsi donc, en estimant à 10 bataillons et 9 escadrons le contingent de la Hesse, soit 11,200 hommes, infanterie et cavalerie, avec 36 canons, on voit que l'armée active de la Confédération de l'Allemagne du Nord se compose en totalité de 368 bataillons d'infanterie, dont 18 bataillons de tirailleurs, 304 escadrons de cavalerie, 1206 canons, 13 bataillons et une compagnie de pionniers et 13 bataillons d'équipages.

Une fois l'armée active mise sur le pied de guerre, chacune de ses parties forme respectivement sa réserve. Dans chaque régiment d'infanterie, il se forme un 4° bataillon de réserve, fort de 1,000 hommes ; dans un bataillon de tirailleurs, on forme une compagnie de réserve de 200 hommes ; dans un régiment de cavalerie un 5° escadron, qui s'occupe principalement du dressage des chevaux pour les escadrons en activité ; chaque régiment d'artillerie forme deux batteries montées et une batterie à pied, chacune d'un canon.

En cas de guerre, les bataillons de pionniers sont divisés en trois compagnies de même force, auxquelles s'ajoute, selon leur destination, soit une colonne de retranchement, soit un équipage d'avant-garde pour la construction des ponts, ou bien une colonne de pontonniers. Ces mêmes bataillons fournissent, en outre, des cadres pour les détachements chargés du télégraphe ou du chemin de fer. Une fois l'armée mise sur le pied de guerre, chaque bataillon de pionniers forme aussi une compagnie de réserve.

Pour le recrutement, l'administration et l'appel de la Landwehr, et en général pour tout ce qui concerne la mise sur le pied de guerre, ou mobilisation, tous les Etats de la confédération de l'Allemagne du Nord, à l'exception de la Hesse-Darmstadt, sont divisés en 12 districts. Chacun de ces districts correspond à l'un des 12 corps de l'armée, et a un chef spécial, appelé général-commandant (*Commandierender-General*) ; de sorte qu'en Prusse le corps d'armée correspond à une division territoriale. Quant au corps d'armée de la garde, il est complété par des hommes recrutés dans toutes les provinces prussiennes. Chaque district de corps d'armée comprend 9 subdivisions ou parties, dont la 9e sert de bataillon de réserve pour la Landwehr, et les 8 premières répondent aux besoins immédiats de la Landwehr.

Dans chaque section de régiment de la Landwehr, on forme un régiment d'infanterie de ligne correspondant. Quant aux régiments de fusiliers, et au bataillon de tirailleurs, ainsi que les régiments de cavalerie, la brigade d'artillerie, le bataillon de pionniers et le bataillon d'équipage, — ils sont pris dans la totalité du district militaire.

Deux sections de régiment de la Landwehr forment un district de brigade. Chaque section de régiment se subdivise en deux moitiés de bataillon de la Landwehr, avec lesquels on peut, en cas de mobilisation, former encore un bataillon de garnison de chaque, en outre des parties de la Landwehr prêtes à marcher.

Pour les troupes de garnison, il faut former :

1° 2 régiments de la garde, à 3 bataillons chacun ;

2° 2 régiments de grenadiers de la garde à 3 bataillons chacun ;

3° Dans chaque groupe de bataillons de la Landwehr, un bataillon composé de 4 compagnies ;

4° Une compagnie par chaque bataillon de tirailleurs de la ligne ;

5° Dans tout arrondissement de corps d'armée, deux régiments de cavalerie à quatre escadrons ;

6° Pour chaque régiment d'artillerie de campagne, trois batteries de sortie. Si elles se trouvent superflues dans les forteresses, elles peuvent être destinées à un autre usage ;

7° Les compagnies d'artillerie de forteresse sont, en nombre et en force, doubles ;

8° Pour chaque bataillon de pionniers, on forme trois compagnies de forteresse, qui, du reste, sont divisées en détachements, selon les dimensions de la place.

Voici quelle est la composition des troupes de garnison : pour chaque corps d'armée, 17 bataillons d'infanterie, de 700 hommes chacun, soit 11,900 hommes; Une compagnie de tirailleurs de 250 hommes, en nombre rond 12,000 hommes, et pour les 12 corps d'armée 144,000 hommes. La cavalerie de garnison de tout corps d'armée se compose de 1200 hommes, ce qui donne pour les 12 corps 14,400 hommes. Les batteries de sortie sont de 18 canons, ce qui porte celles des 12 corps à 216 bouches à feu. Total des troupes de garnison, 168,000 hommes d'infanterie et de cavalerie, avec 216 canons.

Tout district de bataillon de la Landwehr se divise à son tour en 3, 6 et quelquefois 12 compagnies. Mais il ne faut pas croire que, dans la mobilisation, les bataillons de la Landwehr n'aient pas le même nombre de compagnies. Tous les bataillons mobilisés de la Landwehr se divisent comme les bataillons de la ligne, en 4 compagnies.

Dans la garde, les bataillons de la Landwehr sont de 800 hommes; ceux de la Landwehr de province sont de 700 hommes environ. La compagnie des tirailleurs de la Landwehr a 250 hommes; le régiment de la Landwehr à cheval, 600 hommes. La batterie de sortie doit avoir 6 canons.

Les districts des bataillons de réserve de la Land-wehr, qui portent le même numéro que les régiments de fusiliers, sont préférés pour compléter les bataillons de forteresse nouvellement formés. Cette destination a paru indispensable dans les provinces nouvellement annexées, ainsi que dans les petits États de la Confédération du Nord, attendu que le système de la Landwehr prussienne n'avait encore pu être introduit.

Les troupes de garnison, qui doivent se compléter dans la Landwehr, peuvent au besoin se réunir en régiments, brigades et divisions, pour former, en cas de guerre offensive, des réserves stratégiques de l'armée active, ou bien garder et assiéger les forteresses qui restent sur les derrières de l'armée.

De ce que nous venons de dire, il résulte que pour la Confédération germanique du Nord et la Hesse-Darmstadt, l'armée s'élève à 644,600 hommes d'infanterie; 71,300 hommes de cavalerie; 1,656 canons; 15,700 hommes du génie; 13 bataillons et 13 sections d'équipages. En tout 731,600 combattants et 1,656 canons.

Troupes actives.

Infanterie	368,000	hommes.
Cavalerie	45,600	—
Artillerie	1,206	canons.
Génie	13,000	hommes.
Équipages	13	batteries.

Troupes de réserve.

Infanterie............ 123,000 hommes.
Cavalerie............ 11,300 —
Artillerie .... 234 canons.
Génie .... 3,700 hommes.
Équipages .... 13 sections.

Troupes de garnison.

Infanterie............ 153,600 hommes.
Cavalerie........... 14,400 —
Artillerie........... 216 canons.

Le succès des Prussiens dans la guerre de 1866 eut pour conséquence d'introduire le système de la Landwehr dans les États de l'Allemagne du Sud. Dans la campagne actuelle, les armées de ces États montent à 122,150 hommes d'infanterie, 12,670 hommes de cavalerie; 366 canons. De plus les États de la confédération germanique du Sud comptent 33,600 hommes de troupes de garnison.

Troupes actives.

Infanterie.	Bavaroise........	58,000 hommes.
	Wurtembergeoise.	19,000
	Badoise..........	18,000
	Total.........	95,000
Cavalerie.	Bavaroise	6,000
	Wurtembergeoise.	2,400
	Badoise..........	1,800
	Total.........	10,200

Artillerie .	Bavaroise...........	192 canons.
	Wurtembergeoise.	54
	Badoise..........	54
	Total.........	300

Troupes de réserve.

Infanterie.	Bavaroise........	18,500 hommes.
	Wurtembergeoise.	5,200
	Badoise..........	3,450
	Total.........	27,150
Cavalerie.	Bavaroise........	1,500
	Wurtembergeoise.	500
	Badoise...........	450
	Total.........	2,450
Artillerie.	Bavaroise........	48 canons.
	Wurtembergeoise.	12
	Badoise..........	6
	Total.........	66
Troupes de garnison.	Bavaroise........	22,400 hommes.
	Wurtembergeoise.	4,200
	Badoise..........	7,000
	Total.........	33,600

En additionnant les chiffres ci-dessus, nous aurons
des données précises sur la force des armées allemandes tant actives que sédentaires. Les armées actives comprennent 531,800 hommes d'infanterie et de
cavalerie, et 1,706 canons. La réserve se compose de

3

166,600 hommes d'infanterie et de cavalerie avec 300 canons. Les troupes de garnison sont de 201,600 hommes et de 216 canons. Total 900,000 hommes et 2,022 canons (sans compter 80,000 artilleurs).

Examinons maintenant quelles forces, au commencement de la campagne, la France pouvait opposer à cette masse de troupes allemandes.

La victoire des Prussiens à Kœnigsgraetz retentit péniblement dans toutes les classes de la société française. L'amour-propre de la nation guerrière était froissé. Pressentant qu'après l'Autriche ce serait la France qui aurait à supporter les coups de l'Allemagne renaissante, le gouvernement sentit la nécessité de réorganiser les forces militaires et de les développer. Il se proposait en même temps de modifier le rôle des réserves et de la garde nationale, qui n'existait que sur le papier.

D'après la loi, qui doit son origine à l'ancien ministre de la guerre, le maréchal Niel, les forces de terre se composaient : de l'armée, de la réserve en deux appels, et de la garde nationale mobile. L'armée est destinée au service actif. Les réserves servent à compléter les rangs de l'armée et, au besoin, à l'augmenter. Quant à la garde nationale mobile, elle a pour mission de garder les villes et de tenir garnison dans l'intérieur du pays. Le contingent annuel est fixé à 160,000 hommes, moitié pour l'armée active, moitié pour la réserve. La durée du service est de neuf ans, dont cinq dans l'armée active et quatre dans la réserve. Sont obligés au service tous les Français âgés de 21 ans et jouissant de leurs droits politiques. L'exception de service et la caisse de dotation de l'armée, formée par l'argent des rachats, avec lequel le ministre de la guerre payait les remplaçants, sont abolis par la nouvelle loi. Mais ceux qui tombent au contingent de l'armée active, ont la faculté de présenter des remplaçants à leur place, et alors ils passent dans la garde nationale. Ceux qui se trouvent de la réserve peuvent également échanger leurs billets avec les gardes nationaux. Un trait distinctif de l'organisation de l'armée française c'est la division des régiments, des bataillons, des compagnies, des escadrons, en deux parties : le cadre constant et la partie mobile.

Le cadre constant comprend tous les grades d'état-major, les officiers, sous-officiers et caporaux, ainsi que les artisans de différentes espèces. La partie mobile ne se compose que des hommes destinés à être mis en ligne, et dont le nombre peut augmenter ou diminuer selon le besoin.

Ce projet de réorganisation de l'armée, après avoir rencontré une forte opposition dans le Corps législatif, commençait néanmoins à s'exécuter ; la mort du maréchal Niel en retarda la réalisation. Plusieurs dé ses parties essentielles furent modifiées. Par exemple la garde mobile, dont le projet de loi fixait le chiffre à 400,000 hommes, ne fut établie que dans quelques départements.

Le nouveau ministre de la guerre, le maréchal Lebœuf, envisagea cette institution avec la plus grande méfiance. Dans tous ses calculs pour la réunion des troupes destinées à la guerre offensive avec l'Allemagne, la garde nationale mobile n'était nullement prise en considération.

D'après le nouveau règlement, le chiffre de l'armée française, en temps de paix, est de 400,000 hommes; mise sur le pied de guerre, cette armée s'élève à 776,000 hommes.

(En comptant dans ce nombre, 1° 9 contingents du 1er appel, chacun de 12,000 hommes, 108,000, 2° 4 contingents du 2e appel, chacun de 60,000 hommes, 240,000; 3° 4 contingents de volontaires ou de nouvellement sortis de la réserve, à 7,000 hommes, 28,000. En tout, 376,000 hommes.)

De ce chiffre total de l'armée active, 776,000, il faut retrancher les gendarmes, les employés des arsenaux, des dépôts, des fabriques de poudre et autres institutions militaires, plus le corps d'occupation romaine. L'armée active monte alors tout au plus de 550 à 600,000 hommes de toutes armes.

Avant la guerre actuelle, voici quelle était la composition de l'armée française :

INFANTERIE. — Corps de la garde : 3 régiments de grenadiers à trois bataillons, 9 bataillons; 4 régiments de voltigeurs, 12 bataillons; 1 régiment de zouaves, 2 bataillons; tirailleurs, 1 bataillon. En tout 24 bataillons formant deux divisions.

100 régiments de ligne, à 3 bataillons, ou 300 bataillons; 20 bataillons de tirailleurs, trois régiments de zouaves, 9 bataillons; un régiment de la légion étrangère et 3 régiments de turcos; 5 bataillons d'infanterie d'Afrique, les zéphirs.

CAVALERIE. — Garde : 2 régiments de grosse cavalerie, 2 régiments de moyenne, et 2 régiments de légère, chacun de 4 escadrons, 24 escadrons.

Ligne : 10 rég. de cuirassiers   40 escadrons.
        12   de dragons   48
         8   de lanciers   32
        12   de chass. à cheval 48
         8   de hussards   32

De plus 4 régiments de chasseurs d'Afrique et 3 régiments de spahis.

ARTILLERIE. — Garde : 1 régiment d'artillerie monté, à 6 batteries de 6 canons, 36 canons, et 1 régiment à cheval.

De campagne : 15 régiments montés, de 12 batteries à 6 canons et 4 régiments à cheval de 8 batteries. En outre 36 canons, 24 batteries de mitrailleuses, à 6 pièces chacune. Dans l'armée française, les pontonniers sont ajoutés à l'artillerie et se composent d'un régiment de 14 compagnies. Le génie compte, ou pour parler plus proprement, comptait 2 compagnies de la garde et 5 régiments ordinaires de deux bataillons.

L'armée française possède encore 5 régiments d'équipages.

En déclarant la guerre à l'Allemagne, la France avait une armée qui ne dépassait pas 550 à 600 mille hommes.

Mais à l'ouverture des hostilités, le gouvernement français ne pouvait concentrer sur la frontière que 210,000 hommes, divisés en 7 corps d'armée, tandis que la Prusse fit approcher du Rhin 12 corps et 4 divisions de cavalerie, en tout 3 armées fortes de 330,000 hommes. En outre, il restait en Allemagne, prêts à marcher au premier signal, 170,000 hommes composés de 4 corps d'armée et de 5 divisions de la Landwehr.

Dès que le gouvernement prussien fut convaincu que l'Autriche ne se mêlerait pas de la guerre, et que. sur le littoral du Nord, il n'eut plus à craindre une descente considérable, ces troupes furent immédiatement dirigées sur le théâtre de la guerre. Ainsi dès le commencement de la guerre, la Prusse avait la supériorité du nombre et de la force.

III

MISE DE L'ARMÉE SUR LE PIED DE GUERRE.

La mobilisation de l'armée prussienne s'effectue avec un ordre si extraordinaire, qu'elle mérite une attention particulière. Elle est basée sur un système soigneusement élaboré, qui se trouve expliqué dans un plan particulier, nommé « Plan de la mise de l'armée sur le pied de la guerre. » Dans ce plan, publié annuellement par le ministre de la guerre, on trace en traits généraux, mais exactement et jour par jour, ce que doit faire chaque direction pour mettre l'armée sur le pied de guerre. S'appuyant sur ce plan général, chaque commandant de corps et de district dresse un plan plus détaillé, également jour par jour, de ce que doit faire chaque portion du district pour se mettre dans la même situation.

Observons qu'une si grande tâche est loin d'être facile et demande un esprit d'organisation tout particulier, pour être exact dans toutes les combinaisons. Une fois la mise sur pied de guerre déclarée, les régiments doivent céder jusqu'à 30 °/₀ de leurs officiers, soit pour instruire les bataillons de la Landwehr, et préparer les réserves et les garnisons, soit pour former de nouveaux états-majors et des directions militaires. Outre ces 30 °/₀, de nombreux officiers sont envoyés en mission spéciale et temporaire : pour recueillir les hommes de la réserve, qui se réunissent au centre de chaque compagnie; pour les conduire à destination vers tel ou tel corps d'armée ; enfin, pour recevoir les chevaux. Le rassemblement régulier des hommes de la réserve et de la Landwehr est assuré par l'exactitude toute particulière avec laquelle sont tenus les registres, au centre de chaque compagnie de la Landwehr. Pour ce qui regarde les chevaux nécessaires au complément de l'artillerie et de la cavalerie, il existe en Prusse un règlement digne d'attention, en vertu duquel, toutes les fois que l'armée est mise sur pied de guerre, chaque province doit fournir, moyennant une indemnité, un nombre déterminé de chevaux, qui sont choisis par une commission spéciale, composée d'officiers de cavalerie et d'un vétérinaire.

Tous les lieux où se fait la réquisition des chevaux, sont marqués sur le plan de mobilisation; on y trouve également les endroits où chaque corps doit envoyer ses officiers, pour faire le choix des chevaux.

Les complications occasionnées par le complément des corps sur le pied de guerre et par la formation des réserves et de la Landwehr, se trouvent considérablement simplifiées par ces raisons, que tout corps de troupes a un rayon déterminé pour se [compléter, et une résidence fixe; que tous les objets d'ornement et d'équipement se trouvent déposés sous la main et en quantité suffisante pour le nombre d'hommes que doit fournir chaque localité.

Les choses essentielles pour la mise de l'armée sur le pied de guerre, se trouvent indiquées dans le plan de mobilisation, publié par le ministère de la guerre. Les dispositions particulières le sont par les états-majors de district.

Pour que cette tâche soit exécutée avec succès, dans un pays où, en temps de paix, l'armée est réduite à de simples cadres, il est indispensable que l'administration militaire de chaque district soit très forte et que pour compléter, équiper et armer des troupes, elle ait toute l'autorité nécessaire, sans que, à propos de telle ou telle question, elle soit obligée de demander permission ou autorisation au ministère de la guerre.

En Prusse, chaque district militaire possède largement tous les moyens de mettre rapidement l'armée sur le pied de guerre.

On objectera peut-être que l'adoption d'un tel système pour mobiliser une armée aussi rapidement que possible coûte trop cher au pays. Nous ne répondrons qu'une seule chose : Les armées permanentes se trouvent exactement dans les mêmes conditions; et il peut se passer des dizaines d'années de paix avant qu'on ait besoin d'elles.

Le district une fois mis sur le pied de guerre, que fait le commandant? Ou bien il entre en campagne avec les troupes qu'il a levées ; ou bien il en remet le commandement à un autre général, en restant lui-même dans le district. Dans le premier cas comme dans le second, l'état-major du district entre en campagne avec les troupes mobilisées ; à sa place se forme un nouvel état-major, dans la composition duquel entrent seulement quelques officiers de l'ancien.

Quand les troupes mobilisées sont sorties du district, le commandant qui reste se met à la tête de toutes les administrations économiques et de toutes les troupes de réserve et de garnison qui jouent, comme nous l'expliquerons plus bas, un rôle très-important en temps de guerre.

Quelle doit être l'organisation d'un corps d'armée? Il y a là-dessus différentes opinions. Plusieurs pensent que chaque division est ce que j'appellerai l'unité de combat au complet, parce qu'il entre dans sa composition les trois armes dont l'action mutuelle est indispensable pour la victoire. En temps de paix, ce n'est que dans les camps, durant les grandes manœuvres, qu'on peut habituer les trois armes à s'entre-aider mutuellement. Le reste du temps la cavalerie et l'artillerie sont abandonnées à des chefs spéciaux.

Nul ne saurait douter que pour la cavalerie et l'artillerie, il est très-important de confier le commandement à des spécialistes, car dans ces deux armes la connaissance des détails du service est indispensable. — Souvent une armée a besoin de se fractionner, de séparer ses parties, soit pour opérer des mouvements indépendants, soit pour les envoyer rejoindre et fortifier d'autres détachements. Dans cette campagne le 4ᵉ et 11ᵉ corps prussiens, la division badoise et la division wurtembergeoise, après avoir été réunis en une seule armée, ont dû être envoyés séparément par division. Observons ici que pendant la guerre de Crimée, aucun de nos corps ne s'est trouvé en entier sur un même point; quelquefois ils étaient employés sur quatre points différents.

Nous le voyons encore, dans la mise déterminée sur le pied de guerre, il a fallu non-seulement faire passer les hommes d'un district dans un autre, mais remplacer des divisions entières. La 17ᵉ division a été laissée, par le commandement du général Vogel von Falkenstein, pour la défense du littoral septentrional, et pour la remplacer dans le 11ᵉ corps, auquel elle appartenait, on désigna la 25ᵉ division.

Après la séparation des divisions wurtembergeoises et badoises qui formaient le 14ᵉ corps d'armée, ce dernier fut composé de la division badoise et de la 1ʳᵉ division de la Landwehr. La division de la Landwehr de la garde et la 4ᵉ division de la Landwehr n'entraient nullement dans la composition des corps.

Il n'est pas toujours possible, non plus, de compléter le contingent d'un district par des réserves qui lui appartiennent; il arrive souvent qu'il faut recourir à d'autres districts. Dans la guerre actuelle, pour former le 5ᵉ corps on a dû prendre les hommes de la Silésie, qui devaient servir à compléter le 6ᵉ corps. Les hommes de la Poméranie ont non-seulement formé le 2ᵉ corps, mais encore ils en ont complété quelques autres.

Avec l'organisation par corps, et surtout avec le principe adopté par la Prusse : que tous les corps doivent être égaux, chacun de deux divisions, il peut se présenter encore un grand inconvénient, c'est que, dans certains cas, quand, selon les circonstances, il est indispensable de réunir plus de deux divisions, il faut former un état-major spécial de l'armée.

Ainsi au début de la campagne, l'armée de Steinmetz se composait de deux corps et par conséquent de quatre divisions. Or, après la capitulation de Metz, quand le général Manteufel fut parti pour le Nord, son armée comptait encore quatre divisions.

Il paraît qu'une organisation qui permettrait d'augmenter la composition des corps selon les besoins des circonstances et selon la capacité du chef, serait bien préférable. C'était l'avis de Napoléon 1ᵉʳ.

En 1812, les corps de l'armée française avaient une composition très-différente. Par exemple, Davoust, qui toujours était destiné à des mouvements séparés et indépendants, comptait cinq divisions dans son corps, tandis que Régnier n'en avait que deux. Le jour même de la bataille, Napoléon faisait quelquefois passer une division d'un corps dans une autre. Ainsi pendant le combat de Borodino, il prit une des divisions Davoust et l'envoya au prince Eugène, pour remplacer la division Pino qui n'avait pas eu le temps d'arriver à son poste.

Au milieu des discussions, pour et contre, que suscite le système de corps tel qu'il existe aujourd'hui en Prusse, nous avons souvent entendu dire que cette organisation a encore un grand inconvénient. Avec les petits corps, régulièrement formés de deux divisions, l'état-major d'une grande armée, comme celle du prince royal, est obligé de se trouver en rapport avec la direction de tous ces corps, qui sont nombreux et indépendants, ce qui augmente et complique considérablement son travail.

Ainsi dans cette guerre, l'état-major du prince royal de Prusse doit être en rapport avec les 2ᵉ 5ᵉ 6ᵉ et 11ᵉ corps prussiens ; avec le 1ᵉʳ et 2ᵉ corps bavarois ; avec les 17ᵉ et 22ᵉ divisions de la Landwehr de la garde et de l'infanterie wurtembergeoise ; avec les 2ᵉ 3ᵉ 4ᵉ et 6ᵉ divisions de cavalerie, et de plus avec l'inspection générale des étapes et les autres parties de l'administration.

D'un autre côté, avec des corps composés d'un plus grand nombre de divisions, de quatre ou de cinq par exemple, les détachements de divisions seront encore plus fréquents qu'ils ne l'ont été dans la campagne actuelle, ce qui serait aussi un inconvénient.

En résumé, de tout ce que nous avons entendu au sujet de l'organisation des corps de l'armée prussienne, il faut conclure que la composition la plus avantageuse des corps dépend des circonstances militaires et de la capacité des généraux qui les commandent. Mais il est indispensable que les divisions qui composent un corps soient formées des trois armes et qu'elles jouissent de la plus grande indépendance.

Une division qui possède les trois armes nécessaires doit donc être considérée comme une petite armée indépendante. Observons encore qu'en Prusse, en temps de guerre, on ne donne le commandement des corps qu'à des hommes qui ont acquis la réputation de théoriciens et de praticiens habiles et dont l'expérience militaire est reconnue de tout le monde. Pour de tels chefs, il ne faut ni beaucoup de temps ni beaucoup de peine pour connaître les généraux de division et les colonels des régiments de leur corps et pour apprécier exactement le mérite des uns et des autres.

Souvent on met à la tête des corps mobilisés des généraux qui, en temps de paix, n'ont jamais commandé de district. C'est que, en Prusse, on croit qu'un général peut avoir de la capacité pour une chose et ne pas en avoir pour une autre. Certains hommes ont toutes les qualités du champ de bataille ; ils ont eu l'étincelle du génie militaire, mais ils se trouvent accablés par le fardeau et les détails de l'éducation des troupes en temps de paix. Et pourtant ce sont ces détails qui donnent aux recrues les qualités du bon soldat. D'un autre côté, combien de généraux possédant tous les talents de l'administration et de l'organisation, très-capables en temps de paix de conduire et d'achever l'éducation du soldat, et qui sur le champ de bataille ne sont que des médiocrités et ne savent pas fixer la victoire.

Un mot sur la formation des états-majors des armées entières et des corps particuliers. Dans cette campagne, la Prusse a fait preuve de toute son habileté, et a complétement réfuté la croyance générale sur la difficulté d'organiser les directions d'états-majors. Après un combat de trois jours sous Metz, les 14, 16 et 18 août, quand il devint nécessaire d'assurer, du côté du nord, le mouvement du prince royal vers Paris, par la formation d'une nouvelle armée;

composée du 12ᵉ corps saxon et du 4ᵉ corps prussien, et du corps de la garde prussienne, sous le commandement du prince héritier de Saxe, l'état-major de cette nouvelle armée fut organisé sans délai, avec tous les grades dont se compose ordinairement l'état-major d'une armée en Prusse : un chef d'état-major, un intendant général, un chef d'artillerie, un chef d'ingénieurs, un médecin en chef, un inspecteur des étapes, avec toutes leurs administrations. De même on formait sans difficulté un état-major spécial pour le grand duc de Meklembourg, quand sous son commandement on réunit les corps bavarois de Tann, les 17ᵉ et 22ᵉ divisions prussiennes. Pour l'organisation des états-majors de l'armée et du corps, on n'eut besoin que de *deux* ou *trois* jours.

Quelle exactitude systématique ! quelle connaissance technique ! quelle prévoyance irréprochable, dans ce plan de mobilisation de l'armée prussienne ! Qu'on en juge par la rapidité et l'ordre extraordinaires avec lesquels s'est accomplie la mobilisation des troupes dans cette campagne.

Le soir du 15 juillet, le ministère de la guerre expédie par le télégraphe l'ordre de mettre l'armée sur le pied de guerre. Le 16, commence à s'exécuter le plan de mobilisation ; et le 26, c'est-à-dire dix jours après, toutes les troupes actives sont prêtes, et par

tous les chemins de fer elles se dirigent simultané-
ment vers la frontière.

On le voit, pour la mobilisation de l'armée prussienne tout avait été prévu, profondément combiné et
calculé. Avant le commencement des hostilités, on
avait dressé le plan de la mise des armées sur le
pied de guerre et du mouvement des troupes. Toutes
les questions et les informations avaient été réglées
d'avance ; il ne pouvait y avoir de malentendu ; il
n'y avait qu'à exécuter.

Sous ce rapport, que faisait-on en France ? Pour le
connaître, adressons-nous à la brochure publiée, dit-
on, et rédigée par le prisonnier de Wilhemshohe.
Entre autres aveux, nous y trouvons ce qui suit :

« Arrivé à Metz le 28 juillet, l'empereur commença
à craindre que des obstacles insurmontables ne fis-
sent échouer ses projets.

« L'armée de Metz, au lieu de 150,000 hommes
n'en comptait que 100,000 ; celle de Strasbourg
que 40,000 au lieu de 100,000, et le corps du maréchal Canrobert avait encore une division à Paris
et une autre à Soissons ; son artillerie ainsi que sa
cavalerie n'étaient pas prêtes. De plus, aucun corps
d'armée n'était encore complétement muni des acces-
soires exigés pour entrer en campagne. »

Tout ce désordre, qu'on ne peut admettre dans
une armée sur le point de marcher en avant

et de rencontrer un ennemi puissant, s'explique, dans la brochure sus-mentionnée, par les raisons qu'on n'avait pas déterminé d'avance de quel lieu précis et par quelles voies devaient arriver les détachements militaires destinés à compléter les divisions ; que les dépôts de l'intendance, de l'artillerie et des équipages étaient dispersés dans différentes localités, et qu'on n'avait pas préalablement dressé de liste pour indiquer de quel dépôt chaque régiment devait recevoir ses objets d'armement et d'équipement.

Il faut remarquer qu'en France, il n'existe pas, comme en Prusse, des districts territoriaux, où les régiments, dès qu'ils sont complets, puissent se mettre en campagne au premier signal. Les divisions territoriales de la France n'ont aucune autorité administrative et économique assez indépendante pour mettre elles-mêmes l'armée sur le pied de guerre. Pour toutes les questions relatives à la mobilisation, elles sont forcées de s'adresser au ministère de la guerre, qui dès lors s'est trouvé surchargé de travail et n'a pu répondre à la masse de questions et d'informations qui lui étaient adressées : conséquence nécessaire de ce qu'on n'avait pas préparé d'avance toutes les mesures pour la mobilisation de l'armée.

Sous le rapport militaire, la France est divisée en grands territoires, qui ont leurs subdivisions ; à leur tête sont des maréchaux ou des généraux. Mais ces personnages n'avaient qu'une autorité militaire et politique et presque pas d'autorité administrative et économique.

Ainsi, pour les mouvements militaires agressifs ou défensifs, presque rien n'était préparé en France, bien que l'expérience du passé et les avertissements d'hommes compétents eussent montré au gouvernement la nécessité d'adopter un plan rationnel de mobilisation.

Le général Trochu, qui aujourd'hui défend Paris si énergiquement, dans un livre célèbre et qui a fait tant de bruit : *L'armée française en* 1867, le général Trochu parle de ces défauts d'organisation et dévoile les désordres et les négligences qui accompagnèrent le départ des armées françaises pour la Crimée et pour l'Italie. A toutes les informations, dit-il, qui lui étaient adressées, le ministère ne faisait qu'une réponse : *Débrouillez-vous.*

Voici les paroles de ce général qui en ce moment fait preuve d'un talent si remarquable d'organisation militaire.

« La guerre paraissait imminente et occupait tous les esprits. On la niait, on l'affirmait, et, au milieu de ces incertitudes de l'opinion, elle éclatait. A ce moment, par terre et par mer, par wagons et par bateaux, dans la précipitation et le pêle-mêle, les troupes, hommes et chevaux, le matériel, les approvisionnements, etc., étaient mis en mouvement, encombraient toutes les voies, et allaient s'accumuler un peu au hasard sur tel point et sur tel autre. A chacun des groupes qui prenaient terre, avec des manquements et dans le désarroi qu'on peut imaginer, on disait : « débrouillez-vous, » et il s'en allait insoucieusement du côté de l'ennemi, avec cette formule essentiellement française. »

« Le merveilleux, ajoute l'auteur, c'est qu'on se débrouillait en effet et qu'on entrait au combat plus ou moins prêt. »

Dans la guerre actuelle, l'armée française a été mobilisée exactement comme, d'après Trochu, elle l'avait été pour les campagnes de Crimée et d'Italie, avec cette différence qu'on n'a pas eu le temps de *se débrouiller*. Quand l'ennemi s'est précipité avec des masses énormes, il a tout trouvé dans un cahos inimaginable.

IV

TRANSPORT ET CONCENTRATION DES TROUPES PAR LES
CHEMINS DE FER.

Le 26 juillet, dix jours après la mobilisation de
l'armée prussienne, commença le transport des corps
qui étaient au complet. Le 3 août, toutes les troupes
destinées à donner les premières étaient au point
de concentration, et le 4, elles franchissaient la frontière française. Impossible de ne pas reconnaître
que tous les transports de l'armée prussienne se sont
effectués avec un art merveilleux. Ils ont eu lieu si-
multanément par cinq lignes parallèles de chemins de
fer. Tout était calculé de manière que à cinq ou six
marches de la frontière, les troupes évacuaient les
wagons et s'avançaient en ordre, prêtes à recevoir
l'ennemi. Depuis le commencement de la mobilisation des armées jusqu'à leur concentration sur le
Rhin, c'était une persuasion générale en Allemagne
que les Français allaient prendre l'offensive et franchir le fleuve.

Convaincus de rencontrer l'ennemi sur la rive
droite du Rhin, les corps prussiens combinaient
leurs mouvements vers la frontière française, de

telle sorte que les troupes qui marchaient à pied servaient d'avant-garde et couvraient les ciuq colonnes qui arrivaient par les voies ferrées. Une fois les avant-gardes sur la frontière, les colonnes transportées par les chemins de fer descendaient de wagon plus près de la France. Une des batteries du premier corps, qui venait de Kœnigsberg, n'a même quitté le train qu'à Saarbrücken, d'où elle a marché directement au combat.

Sur le Rhin, en distribuant les corps en armées, on prenait en considération la direction des voies par lesquelles ces corps arrivaient à la frontière. Ainsi, le 7° corps, venant de Munster, et le 8°, qui venait de Cologne, et qui formaient d'abord la première armée, sous le commandement de Steinmetz, marchèrent généralement à pied ; ce ne fut qu'entre le 23 et le 26 juillet que certaines portions de ces deux corps furent transportées par les extrémités des deux lignes du chemin de fer du Nord. Du 26 juillet au 3 août le transport des troupes s'effectua par trois lignes parallèles, toujours du Nord. Elles amenèrent les corps suivants qui formaient la deuxième armée aux ordres du prince Frédéric Charles : le corps de la garde, le 3° corps venant de Berlin, le 4° de Magdebourg, le 10° de Hanovre, le 12° de Dresde.

Pendant que s'effectuait par le Nord le transport de la deuxième armée, par le Sud et par deux lignes parallèles, s'effectuait celui de la troisième armée, celle du prince héritier de Prusse : le 5ᵉ corps d'armée arrivait de Posen et le 11ᵉ de Darmstadt et de Francfort sur le Mein.

En même temps les chemins de fer de la Bavière, du Wurtemberg et de Bade amenaient le 1ᵉʳ et le 2ᵉ corps bavarois, ainsi qu'un autre corps formé de Wurtembergeois, et de Badois, faisant partie de la troisième armée.

Après le 3 août, une fois le transport des corps mentionnés ci-dessus accompli, lorsqu'il devint évident qu'il n'y avait plus à craindre une intervention armée de la part de l'Autriche, on expédia de Kœnigsberg, par les deux lignes septentrionales, le 1ᵉʳ corps pour fortifier la 1ʳᵉ armée — de Poméranie, par les lignes centrales, le 2ᵉ corps, et de Hombourg le 9ᵉ, pour fortifier la deuxième armée ; le chemin de fer méridional transporta de Breslau le 6ᵉ corps, destiné à fortifier la troisième armée. Une fois le transport de ces dernières troupes achevé, on les fit suivre par cinq divisions de la Landwehr, qui devaient occuper les provinces conquises et se tenir derrière l'armée envahissante.

Tous ces transports, ainsi que nous venons de le dire, s'accomplirent dans un ordre parfait et avec un soin extraordinaire, grâce surtout aux dispositions prises d'avance et en temps convenable.

Pour transporter les troupes sur la frontière française, on avait institué une commission appelée Commission **exécutive**, composée d'officiers d'état-major et d'employés du ministère des travaux publics et des voies et communications. Cette commission élabora tous les plans de transport et fit toutes les combinaisons pour déterminer où et en quelle quantité devait être concentré le matériel roulant des chemins de fer, afin de porter les forces **militaires** sur le théâtre de la guerre.

Il importe de faire observer au lecteur que, dans la combinaison des plans de transport formés par la commission exécutive, la circulation ordinaire des trains n'a pas considérablement augmenté. Les lignes à une seule voie n'expédiaient par jour que douze trains **militaires** et douze trains de retour composés de wagons vides ; sur les lignes à deux voies, on faisait partir dix-huit trains d'un côté et autant de l'autre. En outre, pour le transport des approvisionnements, on équipait journellement quatre à cinq trains sur les lignes à une seule voie et six à sept sur celles à deux voies.

Afin d'exécuter les plans élaborés par la commission pour assurer le transport régulier des troupes sur les différentes voies, on avait formé, sur ces voies même, des sous-commissions composées d'officiers d'état-major et de membres choisis par les directeurs de chemins de fer. Se réglant sur les plans dressés, ces sous-commissions donnaient tous les ordres nécessaires, observaient exactement tous les détails indiqués et n'en déviaient que quand des circonstances locales et majeures le rendaient indispensable.

Les trains militaires étaient ordinairement considérables. Chacun avait cent essieux, c'est-à-dire cinquante wagons, et dans les endroits où l'exigeaient des montées escarpées, on employait une double traction. Deux locomotives, une en avant, l'autre en arrière, mettaient en mouvement ces énormes fardeaux.

Chacun de ces trains transportait un bataillon d'infanterie, ou un escadron et demi de cavalerie, ou une batterie d'artillerie. Les équipages militaires suivaient toujours les hommes.

Comme on n'expédiait avec les troupes que la partie indispensable de leurs équipages, le reste, 1,300 chariots, ayant la dénomination de train-colonne ou *Munition-colonne*, sous la dépendance de la direction du corps d'armée, était envoyé par trains spéciaux, qui ne suivaient pas immédiatement les troupes, mais venaient en deux groupes séparés, de telle sorte que le premier a été transporté après l'arrivée du 1er corps envoyé à la frontière, et le 2e après les 4e corps, qui n'ont touché le Rhin qu'après le 3 août.

Comme, pour transporter un corps d'armée, de

deux divisions avec équipages de cavalerie et d'artillerie, il faut quatre-vingt-dix trains de cinquante wagons, pour transporter en quatorze jours toute l'armée allemande, c'est-à-dire 15 corps, il n'a pas fallu moins de 1,300 trains remplis de soldats et autant de trains revenant à vide.

Pour approvisionner une masse de troupes aussi considérable durant le transport en chemin de fer, on avait organisé sur chaque ligne des points nommés « points d'approvisionnement, » où les soldats recevaient des aliments chauds et du café. C'étaient les points où se croisaient les trains qui emportaient les troupes et ceux qui revenaient.

En réfléchissant sur les difficultés provoquées par le mouvement simultané d'un si grand nombre de trains, encore que ces difficultés fussent aplanies par l'interdiction des trains de voyageurs pendant dix jours et des trains de marchandises pendant un mois, on ne saurait ne pas admirer la prévoyance et l'exactitude avec lesquelles ces transports ont été calculés et exécutés.

Remarquons que, **malgré** ce roulement prodigieux sur les voies ferrées, malgré la fatigue inévitable du personnel, il n'y a eu qu'un seul cas de rencontre de deux trains, près de Nordhausen, et encore le nombre des tués et blessés était-il insignifiant.

Il **est** donc évident que pour transporter les armées

prussiennes sur la frontière française, tout avait été sérieusement médité, calculé et préparé d'avance : ce transport de tant de milliers d'hommes, de chevaux, d'artillerie, d'équipages s'est effectué avec une précision et une habileté incomparables.

Voyons maintenant comment s'accomplissaient les opérations analogues dans l'armée française. Pour cela nous recourrons encore à la brochure intitulée : « *Des causes qui ont amené la capitulation de Sedan.* » brochure attribuée à Napoléon III, qui s'était chargé d'abord du commandement en chef.....

« L'empereur considérait qu'il était possible d'arriver à un si heureux résultat, c'est-à-dire de passer le Rhin et de commencer un mouvement. Mais il s'est trompé profondément, comme tous ceux qui croyaient qu'à l'aide des chemins de fer, la concentration d'un nombre aussi considérable d'hommes, de chevaux, de bagages militaires pouvait s'effectuer avec ordre et exactitude sans des dispositions préalables prises par une administration vigilante. »

Ces paroles, provenant de l'empereur, généralissime des armées françaises, sont la meilleure preuve que pour le transport des troupes, rien n'avait été ni prévu, ni préparé en France.

V

ÉTUDE PRÉALABLE DU THÉÂTRE DE LA GUERRE.

« Plan des opérations : au quartier général, au corps, en colonne. Distribution précise des régiments. Partout calculer le temps. Dans la correspondance entre chefs de l'armée, s'exprimer clairement et brièvement comme dans une petite lettre, et sans employer de longs titres. Les entreprises projetées doivent être déterminées 24 ou 18 heures d'avance. »

SOUVOROV.

Quiconque suit attentivement la marche de la guerre actuelle remarquera indubitablement à quel degré les Prussiens avaient étudié les particularités locales du théâtre de la guerre, et quelle masse de renseignements variés ils avaient recueillis, avant le début de la campagne, sur les localités où ils devaient opérer. Les cartes publiées par l'état-major français avaient été soigneusement vérifiées par les Prussiens, qui les avaient publiées en langue allemande, et les ont distribuées en quantité considérable, non-seulement aux officiers d'état-major, mais aussi aux autres et quelquefois même aux simples soldats.

En occupant les provinces françaises, les Prussiens prenaient des indigènes pour les guider. On raconte que les indigènes s'étonnaient en voyant les officiers prussiens leur indiquer sur la carte des routes qui leur étaient inconnues, et qui étaient parfaitement propres à la marche des troupes.

Bien avant la guerre, l'état-major prussien avait fait des excursions jusqu'aux bords du Rhin, et au retour on faisait, d'après les cartes, tous les plans et combinaisons possibles, en cas de guerre avec la France .

Au sujet de ces excursions d'état-major, nous croyons devoir faire une petite digression. Ces déplacements représentent un travail en temps de paix qui, dans notre conviction, a beaucoup contribué aux succès des Prussiens. Ils ont habitué les chefs d'armée et les chefs de corps à disposer de troupes dispersées à de grandes distances, et en même temps à les tenir constamment liées les unes aux autres.

Aujourd'hui surtout, ce dernier point joue un rôle très important, attendu que, sur un champ de bataille, il s'agit de faire mouvoir d'immenses armées, et que, pour cela, il faut un grand nombre de routes.

Voici comment s'accomplissaient ces excursions d'état-major. Des officiers de cette arme se détachaient des états-majors de différents districts. Accompagnés d'autres officiers, et commandés par un général expé-

5.

rimenté, souvent par le comte Moltke en personne, ils faisaient à cheval une campagne simulée, et emmenaient avec eux un petit nombre de cavaliers, qui servaient de jalons pour indiquer la position des différents corps et divisions.

Dans ces campagnes, chaque officier représente l'état-major d'un corps, et chaque jalon une portion de troupes. Les uns et les autres se meuvent en laissant constamment de la distance entre eux, comme s'ils étaient véritablement des régiments en marche. On choisit les emplacements pour le gîte et les bivouacs; on donne par écrit des ordres pour marcher, s'arrêter, se concentrer avec d'autres corps, divisions ou détachements; en un mot, les officiers simulent une campagne véritable, à laquelle ils prennent part, et ils s'habituent à commander activement des forces militaires considérables, dispersées sur une grande étendue de terrain, en conservant des relations constantes avec les autres parties de l'armée.

Ce principe, qu'il faut constamment maintenir, ce lien entre les différentes parties d'un corps et d'une armée, est rigoureusement observé par les Prussiens. Des rapports sont envoyés régulièrement au quartier-général par les divisions et les corps d'armée. De plus, chaque fois qu'il y avait un mouvement militaire décisif ou très-important, comme, par exemple, la concentration des troupes sous Metz, les 16 et 18 août.

ou bien avant la bataille de Sedan des 29 et 30 août, outre les ordres qu'il avait déjà donnés relativement au mouvement et à la concentration des troupes, le comte de Moltke envoyait encore, du qartier-général, aux sections principales de l'armée, surtout aux corps qui devaient effectuer les mouvements les plus compliqués, des officiers spéciaux de l'état-major, connaissant le plan général de l'affaire projetée. Après avoir transmis les ordres dont'ils étaient porteurs, ces officiers accompagnaient les troupes jusqu'à l'endroit qui leur était assigné, après quoi ils revenaient au quartier-général, porteurs de rapports sur la manière dont avaient été exécutés les ordres qu'ils avaient transmis.

Cette prévoyance pendant la guerre, et la préparation pratique des officiers de l'état-major pendant la paix, peuvent seules expliquer l'exactitude extraordinaire des calculs de tous les mouvements des troupes prussiennes durant la présente campagne, et le lien constant qui n'a jamais cessé d'exister entre toutes les parties de leur armée.

En disant que l'armée prussienne était sous tous les rapports extraordinairement bien préparée à la guerre, on ne saurait passer sous silence son attention à tout ce qui regarde le service, la conscience profonde du devoir qui règne dans tous les grades, mais plus particulièrement dans les grades supérieurs, et l'estime générale dont jouissent tous les hommes qui s'occupent et travaillent sérieusement.

C'est ce qui rend remarquables les paroles du prince héritier de Prusse, général en chef de la troisième armée, à son chef d'état-major, le général Blumenthal, lorsqu'il exprimait le regret de ne pas lui confier le commandement d'un corps spécial, position qui lui eût été beaucoup plus agréable. Il lui disait qu'il appréciait trop ses qualités remarquables, son esprit et son activité, pour pouvoir se passer de ses services

En apparence, ces paroles n'ont rien d'extraordinaire, d'autant plus que tout le monde le sait, un homme isolé , qui n'a point d'aides capables, ne peut guère faire de grandes choses; mais en réfléchissant au sens de ces paroles, on ne saurait méconnaître de la grandeur d'âme chez celui qui rend publiquement hommage à un subalterne. La plupart du temps ceux qui tiennent les hautes positions de l'administration ou de la société, tâchent de s'attribuer la gloire de toutes choses et rapetissent le mérite de leurs subordonnés.

A ce propos, rappelons ici le dicton de deux généraux en chef très-connus parmi nous : « Mon chef d'état-major, je ne le considère pas plus que mon secrétaire. — Si mon schapzka apprenait ce que je pense, je brûlerais mon schapzka. »

Un tel dédain des subordonnés agit sur eux d'une façon déplorable. C'est plus que du dédain, c'est de l'ingratitude, pour leur travail souvent si pénible. Aussi voyons-nous ceux qui servent sous de pareils chefs perdre, non-seulement leur énergie et leur amour du travail, mais leurs capacités, et aller s'endormir parmi les médiocrités.

Dans l'armée prussienne, le choix des chefs de corps et de tous les chefs est généralement très-remarquable. Presque toujours ce sont des hommes bien élevés, savants, ayant terminé leurs études dans des écoles militaires supérieures, et connaissant l'art militaire non-seulement par la pratique, mais par la théorie.

Notre appréciation sur les rapports des officiers prussiens avec leurs subordonnés est assez bien confirmée par le récit suivant.

Un jour, après dîner, le général Kirbach, commandant le 5ᵉ corps d'armée, s'adresse à son chef d'état-major, le colonel Eche, et le prie de raconter la bataille de Wœrth, où le 5ᵉ corps avait joué un rôle si important. Il fallait voir avec quelle attention et quel plaisir le vieux général suivait le brillant récit de son subordonné. Le fait est que le colonel Eche a été élevé par le général Kirbach, autrefois directeur du corps des cadets et qui considère positivement le colonel comme son élève. Malgré ces rapports entre chef et subordonné, Eche ne s'était probablement jamais mis en tête qu'il pouvait connaître l'art militaire mieux que son maître; car le général Kirbach, outre le côté scientifique de son art, possède l'expérience acquise par de longs services dans l'armée active.

Revenons maintenant à la question qui nous occupe, l'étude préalable du théâtre de la guerre.

Nous avons dit ce qu'a fait la Prusse sous ce rapport. Qu'a fait son adversaire ? A quel point les chefs de l'armée française connaissaient-ils les particularités locales du terrain où ils allaient combattre ?

Au commencement de la campagne, on distribua aux généraux et aux officiers d'état-major une grande quantité de cartes d'Allemagne, d'une valeur médiocre. C'étaient les seules qu'on leur donnât. On négligea de les munir de cartes de leur propre pays, tant les Français étaient sûrs d'eux-mêmes et croyaient la victoire assurée. Quelques généraux déclaraient n'avoir pas besoin de cartes et disaient : Nous marcherons aux canons !

Tout le monde cependant n'était pas de cet avis. Des voix isolées faisaient parfois entendre des paroles sensées, réclamant une attention et une préparation sérieuses à une guerre dont la fatale urgence n'était douteuse pour personne parmi les hommes réfléchis, qui pendant les dernières années observaient les événements de l'Europe. Voici, par exemple, ce qu'écrivait au général Trochu, le 7 décembre 1866, trois ans et demi avant la guerre, un des généraux les plus capables de l'armée française, Ducrot, alors commandant de Strasbourg :

« Puisque tu es en train de faire entendre de bonnes vérités aux illustres personnages qui t'entourent, ajoute donc ceci : Pendant que nous délibérons pompeusement et longuement sur ce qu'il conviendrait de faire pour avoir une armée, la Prusse se propose tout simplement et très-activement d'envahir notre territoire. Elle sera en mesure de mettre en ligne 600,000 hommes et 1,200 bouches à feu avant que nous ayons songé à organiser les cadres indispensables pour mettre au feu 300,000 hommes et 600 bouches à feu.

« De l'autre côté du Rhin, il n'est pas un Allemand qui ne croie à la guerre dans un avenir prochain. Les plus pacifiques, qui par leurs relations de famille ou par leurs intérêts sont plus français, considèrent la lutte comme inévitable et ne comprennent rien à notre inaction. Comme il faut chercher une cause à toutes choses, ils prétendent que notre empereur est tombé en enfance.

« A moins d'être aveugle, il n'est pas permis de douter que la guerre éclatera au premier jour. Avec notre stupide vanité, notre folle présomption, nous pouvons croire qu'il nous sera permis de choisir notre jour et notre heure, c'est-à-dire la fin de l'Exposition universelle, pour l'achèvement de notre organisation et de notre armement.

« En vérité, je suis de ton avis, et je commence à croire que notre gouvernement est frappé de démence. Mais si Jupiter a décidé de le perdre, n'oublions pas que les destinées de notre patrie et que notre propre sort à tous est lié à ses destinées, et, puisque nous ne sommes pas encore atteints par cette funeste démence, faisons tous nos efforts pour arrêter cette pente fatale qui conduit tout droit à des précipices.

« Voici un nouveau détail sur lequel j'appelle ton attention, parce qu'il est de nature à faire ouvrir les yeux les moins clairvoyans.

« Depuis quelque temps, de nombreux agents prussiens parcourent nos départements de la frontière, particulièrement la partie comprise entre la Moselle et les Vosges ; ils sondent l'esprit des populations, agissent sur les protestants, qui sont nombreux dans ces contrées et sont beaucoup moins français qu'on ne le croit généralement.

« Ce sont bien les fils et les petits-fils de ces mêmes hommes qui, en 1815, envoyaient de nombreuses députations au quartier-général ennemi pour demander que l'Alsace fît retour à la patrie allemande. C'est un fait bon à noter, car il peut être avec raison considéré comme ayant pour but d'éclairer les plans et la campagne de l'ennemi. Les Prussiens ont procédé de la même façon en Bohême et en Silésie trois mois avant l'ouverture des hostilités contre l'Autriche.»

Il résulte donc de la lettre du général Ducrot que nous venons de citer, que les préparatifs de la Prusse pour une guerre contre la France étaient connus depuis longtemps. Mais par une présomption incompréhensible, ceux qui étaient à la tête du gouvernement ne prirent aucune mesure pour que l'armée pût avantageusement entrer en lutte contre un ennemi puissant. A cette présomption se joignait encore un certain mépris pour cet ennemi, mépris qui était le résultat d'anciennes victoires sur les Prussiens. Aux avertissements des hommes prévoyants et expérimentés, les mêmes généraux sans doute qui n'avaient besoin ni de cartes ni de plans, et qui étaient prêts à affronter l'ennemi sans aucune reconnaissance, se contentaient de répondre : Les Prussiens peuvent étudier la France tant qu'ils voudront. Il n'y a aucun danger ; jamais ils ne trouveront un plan de campagne, ce plan n'existe pas.

En ce qui regarde le choix et la nomination des principaux chefs de l'armée française, après les brochures et les pamphlets sans nombre publiés par les Français eux-mêmes pour accuser leurs généraux, nous croyons qu'il serait difficile d'ajouter quelque chose pour caractériser des personnages sur lesquels l'opinion publique a eu le temps de se prononcer.

La guerre a été malheureuse pour les Français ; jusqu'à présent du moins ils ont éprouvé d'affreuses défaites et subi des pertes énormes ; mais, de l'aveu unanime de leurs compatriotes comme de leurs ennemis, tous les Français, soldats ou officiers, affrontaient la mort avec vaillance et mouraient en héros. Rendons cette justice bien méritée à des braves qui, cette fois, ont été trahis par la fortune. Mais quand on pense que des troupes aussi vaillantes ont été menées au combat sans aucune préparation, et qu'elles y mouraient stérilement dans une lutte inégale, le cœur se serre involontairement d'indignation et de pitié.

VI

DISCIPLINE ET ORDRE INTÉRIEUR DES ARMÉES BELLIGÉRANTES.

> « N'entrez pas dans les mai-
> sons ; ayez pitié de l'ennemi
> qui demande grâce ; ne tuez
> pas ceux qui ne sont pas
> armés ; ne faites pas de mal
> aux femmes ; ne touchez pas
> aux enfants. »
>
> SOUVOROV.

Dans l'Europe entière, non-seulement les militaires, mais tous ceux qui ont suivi les événements politiques croient que, dans la guerre actuelle, la Prusse doit ses victoires particulièrement à la discipline de fer et à l'ordre extraordinaire qui règnent dans son armée. Cette croyance est tout à fait juste. Mais par ces mots : « ordre et discipline, » il ne faut pas seulement entendre les formalités et les minuties qui frappent les regards et ne sont nullement l'essence de l'ordre et de la discipline.

Un de nos écrivains militaires contemporains, le

général Dragomirov, dans une esquisse sur la guerre austro-prussienne de 1866, caractérise justement la discipline de l'armée allemande. L'officier prussien, dit-il, accomplit tous les détails du service sans la moindre omission ; mais il ne perd pas de vue l'essentiel. La forme ne tue pas le fond chez lui, par ce motif que le formalisme lui est habituel : c'est le produit du génie national prussien.

« Là est l'explication de ce fait, qui à première vue paraît étrange :

« En Prusse le pédantisme ne révolte personne. C'est qu'il n'absorbe pas tout l'homme, qui, tout en s'occupant des formalités, ne néglige jamais le principal.

« Considéré ainsi, le formalisme prussien n'est plus une chose purement artificielle et du dehors, c'est la manifestation de la loi sous sa forme nationale.

« Au fond de son âme, tout Prussien est un pédant, mais un pédant conséquent ; pédant non-seulement avec les autres, mais avec lui-même ; pédant en ce qui le gêne comme en ce qui lui est agréable. »

Voilà, paraît-il, ce qui produit dans l'armée prussienne la force mystérieuse de l'ordre et de la discipline : c'est que les formalités n'y font jamais oublier l'essentiel.

L'extérieur et les détails du service y sont observés avec la plus grande exactitude. Nul, certainement, ne pense que tout l'art militaire consiste dans ces minuties ; mais chacun reconnaît que derrière elles se cache quelque chose de solide et de sérieux. Aussi, met-on dans tous les grades la plus grande ponctualité à remplir tous les devoirs qui sont imposés, et jamais on ne se plaint de ces formalités qu'un spectateur d ésintéressé peut quelquefois trouver inutiles et vieillies.

C'est ainsi, par exemple, que sous les murs de Paris, les régiments prussiens sont inspectés sans cesse, tantôt par les chefs principaux, tantôt par des chefs secondaires. Mais ces inspections ne sont ni longues, ni fatigantes : elles se font surtout pour bien constater que le soldat est muni de tout ce qui lui est nécessaire pour la vie du camp et du bivouac.

De plus, malgré les services de faction et d'avant-poste, le soldat est exercé tous les jours. Courts et rapides, ces exercices maintiennent le moral et l'ordre intérieur et établissent l'homogénéité dans les corps, qui ayant subi de grandes pertes, ont comblé leurs vides par les recrues arrivées des bataillons et des escadrons de réserve. Ces exercices ont encore l'avantage de tenir les hommes en éveil ; ils sont très-utiles pour la santé et apportent une distraction salutaire dans la vie monotone et ennuyeuse des camps.

La longueur des campagnes, les fatigues du bivouac, les privations, la vue du sang et des souffrances, l'idée que la mort peut survenir à tout instant, toutes ces choses exercent une influence pernicieuse. Les règlements les plus sévèrement observés en temps de paix, s'oublient facilement et, par suite, la discipline se relâche et se perd.

Nous voyons tout autre chose dans l'armée prussienne.

Toutes les privations de la guerre, si sensibles pour beaucoup de ces hommes plus ou moins civilisés, qui, durant la paix, jouissaient du confortable et de leur entière liberté, toutes ces privations n'ont vu faiblir ni la rigueur de la discipline, ni l'accomplissement des devoirs, tant est grande la conviction de leur nécessité dans tous les grades de l'armée, depuis le chef supérieur jusqu'au dernier soldat.

Dans les environs de Paris, plusieurs fois il nous est arrivé de rencontrer des détachements envoyés, pour différents motifs, tantôt d'un côté, tantôt d'un autre. Quelque faible que fût leur composition, ces détachements (voitures de parc, accompagnées d'un sous-officier; patrouilles de cavalerie revenant d'une reconnaissance, régiment complet marchant à l'occupation d'une position ou rentrant au quartier après l'achèvement de quelque travail du génie), le jour comme la nuit, ces détachements marchaient dans un ordre exemplaire avec tous leurs officiers et leur commandant.

Rencontrait-on un supérieur ? le chef du détachement lui racontait en détail d'où il venait, où il allait et dans quel but. De tels exemples d'accomplissement du devoir, donnés par les supérieurs aux inférieurs, ont certainement sur les subordonnés une influence salutaire.

Malgré ce formalisme et la sévérité des rapports, on est souvent témoin d'un spectacle qui, dans les autres armées, étonnerait le militaire le moins exigeant. Dans les hôtels, dans les cafés, dans les restaurants, il n'est pas rare de voir un officier supérieur et un simple soldat dîner à la même table. Entre soldats et officiers s'établissent alors des conversations, non-seulement sur les menus détails de l'équipement, mais encore sur les événements de la guerre actuelle. Dans ces occasions, le ton et les observations du soldat révèlent chez lui une grande entente des affaires. On admire souvent la justesse des expressions et l'originalité des idées. Et si l'officier vient alors à donner au soldat un ordre relatif au service, cet ordre est exécuté sans mot dire et avec une exactitude minutieuse.

Pour caractériser la discipline de l'armée française, pas n'est besoin de citer les nombreux récits et descriptions qui depuis longtemps ont paru dans la presse étrangère. Dans cette décadence de la discipline et de la moralité, la plus grande responsabilité, croyons-nous, ne retombe pas sur les soldats, mais sur les officiers. Les paroles suivantes d'un soldat prisonnier justifient notre appréciation : « Pouvions nous obéir à nos lieutenants, quand nos généraux ne voulaient plus écouter l'empereur ? »

Pour mieux faire comprendre l'état dans lequel s'est trouvée l'armée française par le dépérissement de la discipline, citons le passage suivant de la brochure : « *Des causes qui ont amené les désastres de l'Armée française dans la campagne de* 1870 : »

« Durant ces étapes de Reims à Vouziers et au Chêne-populeux, la marche de l'armée fut lente. Notre long convoi ne cheminait que péniblement à travers des routes et des chemins étroits que des pluies continuelles avaient détrempés et que la charge des voitures avait effondrés. Nos troupes, chez qui la funeste habitude de la maraude et du pillage était désormais familière, s'y livraient impudemment avec moins de retenue encore que dans nos marches précédentes. L'excès en fut si révoltant qu'il éveilla enfin l'attention du commandant en chef, lequel institua dès ce moment des conseils de guerre, qu'on ne vit pas fonctionner, et fit paraître un ordre du jour par lequel il autorisait les officiers des corps de troupe, qu'il couvrait de sa responsabilité, à user, à l'égard des délinquants, des mesures de rigueur même les plus extrêmes. Mais ces décisions tardives n'en restèrent pas moins sans effet sur l'esprit de nos soldats, qui n'en poursuivirent que mieux le cours de leurs déprédations.

« Il faut l'avouer, cependant, non pour justifier ces actes coupables, mais pour rendre hommage à la vérité : malgré les tendances de nos soldats, malgré l'exemple donné par les zouaves et les tirailleurs, rapportant en Europe leurs habitudes de rapine et leurs allures indépendantes, exemple d'autant plus fatal qu'ils jouissent dans l'armée d'une renommée fort contestable, mais qui inspire aux autres corps le désir de les imiter, il faut l'avouer, la maraude et le pillage ne sont pas nés spontanément de l'amour de la destruction. Soit que, dans nos fuites, le convoi eût été capturé, soit que, dans nos marches incertaines, il eût été dirigé sur un point que le voisinage de l'ennemi nous obligeait subitement à éviter, les distributions quotidiennes manquaient de régularité, et, privés, souvent pendant plusieurs jours, des vivres que l'administration devait leur donner, nos soldats, que des marches forcées sous des pluies continuelles brisaient de fatigue et de misère, pris du besoin pressant de réparer des forces qu'ils ne trouvaient même plus dans le sommeil, se sentaient entraînés par la nécessité de pourvoir d'eux-mêmes à leur subsistance..... »

VII

ARMES A FEU PORTATIVES ET ARTILLERIE.

L'infanterie prussienne est armée de fusils à ai-guille, système Dreyse.

C'est au mérite extraordinaire de ces fusils qu'ont été attribués tous les succès de la Prusse dans la guerre de 1866. Après la bataille de Kœnigsgraetz, la supériorité des armes à feu portatives de l'armée prussienne inspira une telle confiance que tous les États de l'Europe occidentale se mirent à transformer leurs fusils, et donnèrent à leurs soldats des armes à tir rapide ; pour cela, ils dépensèrent des sommes énormes.

Cependant, la campagne actuelle, dès les premières rencontres des parties belligérantes, a démontré que le fusil prussien est, sans exagération, trois ou quatre fois moins bon que le fusil Chassepot, dont étaient armées les troupes françaises. Le premier a un tir suffisamment juste, mais seulement à une distance qui ne dépasse pas 500 pas ; tandis que le chasse-pot porte avec une précision merveilleuse à 1,500 et même 2,000 pas. Avec une plus grande rapidité de tir, ce fusil a encore une plus grande justesse de coup. Le seul reproche qu'on puisse faire au système Chassepot, c'est l'impossibilité de viser à une distance au delà de 1,200 pas. Pour tirer plus loin et conserver la justesse du coup, il faut mettre en joue à la hauteur de ceinture. C'est ce que font ordinairement les soldats français.

La masse de l'infanterie française tire mal, ce qui explique le peu d'efficacité de son tir, relativement au nombre de balles envoyées. Mais si pour le tir, l'armée française n'était pas suffisamment préparée, elle avait dans ses rangs des tirailleurs excellents, sûrs de leur coup, et visant de préférence les officiers ennemis. Voilà pourquoi, dans l'armée prussienne, la perte des officiers est si grande que, à la fin d'une rencontre, les compagnies sont souvent commandées par des sergents-majors et des sous-officiers.

Les pertes des Prussiens dans la guerre actuelle doivent aussi être attribuées à ce que certains détachements s'avancent trop près de l'ennemi, et se précipitent en avant sans attendre que l'attaque soit suffisamment préparée par les tirailleurs et l'artillerie.

En résumé, le mérite relatif des deux systèmes l'armes à feu portatives adoptés par l'armée prussienne et l'armée française, est à peu près le même qui existait pendant la guerre de Crimée entre nos fusils à canon lisse et les carabines des alliés. Comme

on sait, notre milice n'était alors armée que de fusils
à silex.

Dans la présente campagne, au commencement de
chaque combat, les Prussiens devaient, sans répondre
aux coups de leurs adversaires, amener leurs troupes
à la portée de leurs propres fusils. Ce n'est qu'a-
près cette opération qu'ils ouvraient un feu meurtrier sur l'ennemi, qui, presque toujours. avait choisi
des positions difficiles à aborder, et avec son chassepot atteignait à de longues distances.

D'après ce que nous venons de dire, il est évident
que, pour les armes à feu portatives, dès le commencement de la campagne, les Prussiens ont eu constamment le désavantage sur les Français, et que
leurs succès dans la guerre actuelle ne peuvent nullement être attribués, comme en 1866, à la supériorité de leur armement. Malgré cela, la qualité
de l'arme à feu portative ne doit pas moins être
considérée comme un des grands éléments de réussite
dans les opérations militaires. Si, pendant la guerre
actuelle, malgré la supériorité de son fusil sur le
fusil prussien, l'armée française n'a essuyé que des
défaites, la cause doit en être recherchée dans l'absence d'autres qualités indispensables pour la victoire.

De quelque bon fusil que soit pourvue une armée,
comme par exemple, l'armée française dans cette

campagne, sa défaite est inévitable si elle manque des qualités nécessaires, et si son moral n'est pas à un niveau convenable.

Quant à l'artillerie de campagne des Prussiens, c'est une opinion générale, suffisamment justifiée du reste par les pertes énormes de l'armée française, qu'elle a opéré admirablement. Ses artilleurs ont un savoir et une habitude remarquables pour déterminer justement les distances. Quand une batterie est en position, après trois ou quatre coups d'essai, tous les autres frappent ordinairement juste et font un grand mal à l'ennemi.

Voici ce que raconte l'auteur de la brochure que nous avons déjà citée :

« La lutte à Sedan s'engagea entre les batteries françaises et prussiennes par une violente canonnade, et l'on peut dire que toute l'action se passa en combats d'artillerie. Pendant près de cinq heures durant, nos canonniers, admirables de sang-froid et de constance, firent des efforts héroïques pour démonter les pièces de l'ennemi ; mais celui-ci, mettant à profit l'avantage du nombre, de la portée et du calibre de ses canons, se tenait invariablement à une distance qu'ils atteignaient à peine, tandis que la grêle de ses projectiles tombait au milieu de nos batteries avec une précision remarquable, brisant nos affûts, emportant nos caissons dans les airs, sans qu'il fût possible d'arrêter ces ravages. Aussi, vers la fin de la journée, quelle profonde amertume se reflétait sur les traits de nos officiers d'artillerie ! »

D'après les renseignements que nous avons recueillis au commencement de la guerre actuelle, la Prusse pouvait disposer du nombre suivant de bouches à feu : d'une brigade d'artillerie de la garde, forte de 96 canons ; de huit brigades d'artillerie de l'armée et de trois parcs, contenant 1056 canons, et de 48 batteries de réserve, 192 canons, — en tout 1344 pièces.

Cette masse d'armes ne formait, à proprement parler, que l'artillerie *prussienne*. En y ajoutant l'artillerie de campagne des autres Etats, de la Bavière, du Wurtemberg et de Bade, etc., on peut évaluer les forces de l'armée allemande à 2022 canons au moins.

A cet immense armement que peut opposer l'armée française? 1° deux régiments d'artillerie de la garde, dont un monté, l'autre à cheval, avec 72 canons ; 2° dix-neuf régiments d'artillerie de l'armée, partie montée, partie à cheval, avec 878 canons ; en tout 950 pièces rayées, en cuivre, se chargeant par la culasse, du calibre de 4 et de 12.

En le cédant à l'armée française sous le rapport des armes portatives, l'armée prussienne l'emportait donc de beaucoup par l'artillerie. Non-seulement les armes étaient plus nombreuses, mais la qualité était meilleure, le système était plus perfectionné ; le matériel en meilleur état. La supériorité qui existait dans la construction se faisait sentir dans la précision des armes. En outre, les exercices accomplis depuis 1866 par l'armée prussienne lui ont procuré des artilleurs qui connaissent très-pratiquement leur métier.

L'unique supériorité incontestable qui soit restée aux Français pendant toute la campagne, c'est celle de leurs mitrailleuses, qui faisaient de grands ravages parmi les Prussiens. Au commencement de la campagne, les Français n'avaient que 144 mitrailleuses ; parmi les troupes allemandes, les Bavarois étaient les seuls à en avoir, encore étaient-elles en nombre insuffisant.

L'opinion, généralement répandue, que les mitrailleuses françaises ne valent rien est tout à fait dénuée de fondement ; elle paraît être née à la suite des succès extraordinaires de l'armée prussienne.

A quel point est terrible l'effet des mitrailleuses? On peut en juger par ce fait que, dans la bataille de Gravelotte, le 19 août, la garde prussienne, qui avait attaqué Saint-Privat, perdit, assure-t-on, la plus grande partie de ses hommes, et cela par le feu mortel des mitrailleuses.

En général, il suffit de suivre attentivement la marche des événements militaires de la présente campagne pour se convaincre du mérite incontestable de cette arme nouvelle. Assurément les mitrailleuses françaises ont leurs défauts. On a de la peine à les faire mouvoir à droite ou à gauche ; elles sont difficiles à placer et lourdes à transporter. Mais il ne faut pas oublier que leur introduction dans l'armée française ne date que du commencement de la guerre. Leurs défauts ne pouvaient ressortir clairement que dans la pratique, c'est-à-dire sur les champs de bataille ; et alors il était trop tard et trop difficile d'y introduire une modification ou une transformation quelconque.

La supériorité de l'artillerie de siége des Prussiens sur la même artillerie française s'est manifestée dans la prise de Strasbourg et des autres forteresses, autant qu'elle se manifeste aujourd'hui par le tir des batteries prussiennes sur les forts de Paris.

Devant l'arsenal de Strasbourg se touvent actuellement près de 120 canons de siége français ; tous ont été atteints, et même plusieurs fois, par l'artillerie prussienne. Il est vrai que dans cette forteresse, l'artillerie française tirait fort mal. La preuve, c'est que, pendant la dernière·période du siége, tous les travaux, même le couronnement des glacis, étaient conduits par les Prussiens moyennant une sape demi-douce, et qu'ils ont accompli un mouvement extrêmement hardi, unique même, croyons-nous, dans l'histoire des siéges, celui de passer un fossé rempli d'eau sur de simples radeaux, ce qui n'aurait pas eu lieu si l'artillerie française avait mieux tiré.

Du reste, en parlant de la faiblesse de l'artillerie de Strasbourg, il ne faut pas oublier que dans cette forteresse, il n'y avait que 1,000 artilleurs, nombre trop insuffisant pour défendre des fortifications aussi considérables.

A Paris, les artilleurs ne manquent pas. Avec les canonniers ordinaires, il y a dans les forts des marins qui, au dire général, se distinguent par leur courage et leur connaissance de l'art de l'artilleur. Malgré cela, l'artillerie des forts et des fortifications laisse à désirer ; elle est loin d'avoir l'efficacité des batteries prussiennes.

Passons au bombardement de Paris, qui n'a commencé que fort tard, le 27 décembre seulement, cent jours après l'investissement par les armées allemandes. C'est d'abord la position fortifiée de Mont-Avron qui a été attaquée, puis les forts occidentaux, et enfin les forts méridionaux. Au sujet de cette tentative, il y avait dans l'armée prussienne des avis divers ; on y raisonnait *pour et contre*.

Aux uns, le bombardement de Paris paraissait inutile, attendu qu'une ville de deux millions d'habitants sera forcée de se rendre par manque de provisions. De plus, le bombardement d'une ville telle que Paris

7.

est chose difficile, devant entraîner des pertes considérables. Dans les forts, pouvait être placée l'artillerie de marine avec des pièces de fort calibre, portant à 5 ou 8 verstes. Enfin, même pendant le bombardement, les Français pouvaient élever entre les forts de nouvelles fortifications militaires, et les armer d'une artillerie qui, par sa supériorité numérique, pouvait démonter les batteries des assiégeants.

L'artillerie allemande parvînt-elle à éteindre le feu des forts parisiens, il resterait encore beaucoup à faire. Il faudrait avancer les travaux du siége, ce qui ne pouvait avoir lieu sans grande perte d'hommes : puis *couronner* les glacis et franchir les fossés. Alors seulement on pourrait se fortifier dans les forts, qui pouvaient être minés. Une fois les forts occupés, il faudrait nécessairement faire de nouveaux travaux d'approche pour se rendre maître des remparts qui entourent Paris, et, ce faisant perdre encore du temps et des hommes. Ce n'est qu'après la prise des remparts qu'on pouvait efficacement bombarder la ville. Car des forts, et plus encore des batteries d'approche, les plus gros canons ne pouvaient atteindre que certains quartiers, et la population pouvait se réfugier dans les quartiers plus éloignés et à l'abri des projectiles.

Aux batteries qui s'élevaient en face de Vanves, d'Issy et de Montrouge, et qui devaient battre ces

forts, dès le 15 novembre, les travaux de terrasse-
ment et de charpente étaient entièrement terminés.
A cette époque, le parc de siége, environ 350 canons,
se trouvait à Villa - Coublé. Seuls, les projectiles
manquaient. Le transport de projectiles de gros calibre et en quantité suffisante est effectivement chose
très-embarrassante, et pour commencer le bombardement avec une certaine chance de succès, il fallait
avoir tout prêts au moins de 12 à 15 cents coups par
bouche à feu, c'est-à-dire, pour les 350 canons, de
420,000 à 525,000 projectiles, environ 210,000 à
262,500 *poudes* de fonte.

Malgré ces difficultés, si l'armée allemande avait
eu l'intention de bombarder Paris aussitôt après son
investissement, le transport des munitions aurait
probablement marché avec plus de rapidité. De Nanteuil, où elles étaient déposées, jusqu'à la Villa-Cou-
blé, en prenant des voies contournantes pour éviter
le feu des forts parisiens, il y a 120 kilomètres. Les
chariots employés au transport des munitions mettaient neuf jours pour l'aller et le retour. Au lieu de
les envoyer chercher à Nanteuil, comme cela se pra-
tiquait au commencement du siége, on aurait dû
faire venir d'Allemagne des voitures de transport
pour les premiers jours de novembre. Mille voitures
à quatre chevaux auraient suffi. Or, par le chemin de
fer, ces voitures ne sont arrivées qu'au commence-

ment de décembre. La plupart de celles qu'on réquisitionnait dans le pays n'arrivaient pas à destination, parce que, profitant de la faiblesse de leur escorte, les voituriers s'enfuyaient ou cassaient exprès leur véhicule.

Si ces mesures n'ont pas été prises d'avance, si, en général, les préparatifs du bombardement se sont faits avec nonchalance dans une armée où tout ce qui paraissait nécessaire s'accomplissait si énergiquement, il n'y a aucun doute que cette lenteur provenait de ce que plusieurs généraux allemands étaient convaincus que Paris devait se rendre par la famine, et qu'il était inutile de recourir au bombardement.

On ne peut nier non plus que ce qui a retardé le bombardement de Paris, c'est le désir d'épargner la destruction de cette brillante capitale du monde civilisé, et de conserver les innombrables trésors artistiques qui y sont réunis.

Si, maintenant, nous examinons en général la question du bombardement des villes fortifiées, nous ferons observer que la fortification des grandes villes ne répond plus ni au but que se propose l'art militaire, ni aux conditions de l'état actuel de la société.

Sans doute les forteresses sont indispensables à une armée : ce sont des points d'appui, des dépôts de provisions, où elles sont à l'abri des attaques subites de l'ennemi, enfin des moyens de ralentir l'envahissement d'un pays. Quand l'ennemi rencontre des forteresses, il est forcé de laisser derrière lui des détachements considérables, pour en observer la garnison. Mais tous ces buts peuvent être atteints par une autre voie, sans convertir en forteresses de grandes villes aux populations nombreuses, où, en cas de siége, il y a tant de victimes innocentes et tant de souffrances imméritées. En Russie, presque toutes les forteresses se trouvent éloignées des villes.

Qu'on jette un coup d'œil sur les ruines de Strasbourg, qu'on lise la description de son bombardement et les horreurs racontées par des témoins oculaires, et l'on comprendra le drame horrible qui doit se jouer en ce moment à Paris..

Il est affreux de penser à ce que deviendra Paris avec sa population de deux millions d'habitants, qui s'est décidée à une défense héroïque jusqu'à la dernière extrémité. Dès aujourd'hui, la masse des Parisiens supporte de grandes privations. On dit que la plupart des enfants nés six mois avant le blocus ou dans les cent premiers jours du siége, sont morts par suite de l'épuisement physique des mères et des nourrices, privées de la nourriture à laquelle leur organisme était accoutumé.

Il n'est pas étonnant que l'armée allemande ne se soit décidée que fort tard à bombarder Paris. Au commencement, beaucoup d'officiers croyaient que

cette ville était incapable de supporter un siége prolongé, et qu'elle serait forcée de se rendre faute
d'approvisionnement.

Rendons justice à l'habileté extraordinaire avec
laquelle a été résolue la question d'approvisionner
une garnison de 500 mille hommes et une population
aussi considérable, ainsi qu'au calcul régulier qui a
présidé à la distribution des vivres parmi les habitants de cette capitale.

Actuellement, le bombardement de Paris est un
fait accompli, quoique n'ayant pas atteint son résultat définitif. S'il était impossible de l'éviter, nous
pensons que, dans l'intérêt des Prussiens comme par
humanité, il aurait fallu le commencer plus tôt. C'est
une expérience constatée, que dans le siége et le blocus
des grandes villes, il périt toujours plus de monde
par les privations et les maladies que par les combats
et le feu de l'ennemi.

Nous l'avons démontré plus haut, les Prussiens
pouvaient commencer le bombardement dès le mois
de novembre. Le 15 de ce mois, les batteries d'investissement étaient prêtes, le parc de siége était en
place. Pour les munitions, elles pouvaient être transportées à cette époque, si l'on avait pris les mesures
indiquées plus haut, et qui certainement n'ont pas
échappé à l'armée prussienne. Une seule question restait alors irrésolue : les assiégés ne pourront-ils pas

concentrer entre les forts un grand nombre d'armes, et par cette supériorité numérique, ne feront-ils pas taire les batteries des assiégeants?

Actuellement, cette question est résolue par les faits. Au commencement du siége, la majorité des artilleurs et des ingénieurs prussiens exprimaient la conviction que l'artillerie allemande ferait taire les batteries françaises, soit par la supériorité de son matériel, soit par la manière de tirer. Les Prussiens tirent par-dessus le banc et avec des canons placés sur de hauts affûts, tandis que les Français tirent par des embrasures. Or, avec le perfectionnement de la nouvelle artillerie, les embrasures sont bien vite bouchées, et offrent un point de mire à l'ennemi plutôt qu'elles ne mettent à l'abri de ses coups. Justifiée par le siége de Strasbourg, cette appréciation est pleinement confirmée par le bombardement des forts de Paris.

MOUVEMENTS DE LA CAVALERIE.

Impossible de ne pas rendre justice au savoir-faire et à l'habileté avec lesquels les Prussiens disposent de la cavalerie dans cette campagne. Selon l'expression de l'empereur Napoléon III, c'est un véritable rideau impénétrable, qui cache tous les mouvements de l'armée prussienne. Tout en manœuvrant dans leur pays, les Français ne peuvent jamais déterminer d'une manière précise d'où viennent et où vont les différents corps de l'ennemi. Au contraire, avec des patrouilles à cheval qu'ils poussent au loin avec une hardiesse extrême, non-seulement les Prussiens sont toujours informés à temps des mouvements de leurs adversaires, mais ils connaissent avec exactitude toutes les dispositions de leurs troupes.

A quel point les Prussiens savent profiter de leur cavalerie pour cacher à l'ennemi les mouvements de leurs armées, on en jugera par le fait suivant. Après la capitulation de Sedan, conversant avec le comte de Bismark et les généraux prussiens sur les derniers événements militaires, l'empereur Napoléon fut très-étonné d'apprendre que, sous Sedan, il avait contre lui, non pas les troupes du prince Frédéric-Charles, mais les armées des princes héritiers de Prusse et de Saxe. D'après les renseignements reçus au quartier général de l'armée française, le prince héritier de Prusse continuait son mouvement sur Paris et le prince Frédéric-Charles avait été forcé d'abandonner ses positions sous Metz.

Voici ce que dit sur les mouvements de la cavalerie prussienne l'auteur de la brochure dont nous avons plusieurs fois parlé :

« Par malheur, durant cette guerre, on dirait que tous les éléments de succès ont dû nous trahir. Outre que la jonction des armées a été arrêtée par l'affaire de Spikeren (bataille que les Prussiens appellent combat de Saarbrucken), tous nos mouvements ont été paralysés par une ignorance constante des dispositions et des mouvements de l'ennemi. Les Prussiens cachaient si soigneusement tous leurs mouvements derrière un épais rideau de cavalerie, qu'ils avaient déployée dans toutes les directions, que, malgré tous nos efforts, nous ne savions jamais où se trouvaient leurs forces principales et d'où il fallait attendre le mouvement le plus important.

« Ni le 14, ni le 18 août, nous ne pensions nullement avoir devant nous toute l'armée prussienne, et le jour de la bataille de Gravelotte personne ne se doutait que le lendemain il serait facile d'atteindre

Verdun. A Paris également on n'avait aucun renseignement *sur les mouvements des Prussiens.* »

Il est difficile, croyons-nous, d'avouer plus complétement avec quel art l'ennemi sait disposer sa cavalerie.

Nous ne croyons pas superflu de dire que cette fameuse cavalerie prusienne qui, dans la guerre actuelle, sous le nom de uhlans (*Uhlanen*), a acquis une si grande célébrité, ne se compose pas de cavaliers de naissance comme le sont nos cosaques ou les spahis français, qui dès l'enfance sont habitués au cheval. Cette cavalerie se recrute comme le reste de l'armée ; et même la qualité de ses chevaux est, selon nous, au-dessous de la médiocrité. Toutefois, les corps de cavalerie que nous avons eu l'occasion de rencontrer se trouvaient dans un état fort satisfaisant.

Pour ce qui regarde la cavalerie française, certaines de ses parties répondent beaucoup plus aux exigences du service d'avant-postes, comme, par exemple, les régiments de chasseurs à cheval, qui ont des chevaux d'Afrique, élevés dans les steppes, très-légers et supportant la fatigue très-facilement.

Les officiers français avec lesquels nous avons eu occasion de causer sur les qualités distinctives de la cavalerie française, ont expliqué de la manière suivante les causes de la surprise des corps de Failly et Frossard : en Algérie, pendant les campagnes, tout le service des avant-postes est confié aux spahis, cavalerie irrégulière, fournie par les tribus arabes pacifiées, de sorte que la cavalerie française n'est pas du tout habituée au service d'avant-postes et de patrouilles. Cependant, les spahis, que rien ne pourrait remplacer dans les steppes africaines, qui possèdent à un degré étonnant la faculté de s'orienter dans les lieux les plus déserts en se guidant sur des signes imperceptibles, et qui, pour ainsi dire au flair, devinent l'approche de l'ennemi, les spahis s'égaraient en France au milieu des villes, des villages, des fermes, des jardins, des champs innombrables, faute surtout d'avoir la moindre notion de la langue du pays.

Au contraire, dans l'armée prussienne, toute la cavalerie, à l'exception des cuirassiers, a été employée indistinctement aux services d'avant-postes.

Si les Français ont donné le nom de *uhlans* à toutes les patrouilles à cheval des Prussiens, c'est que probablement les premiers cavaliers qui ont franchi la frontière étaient envoyés et fournis fortuitement par des régiments de huhlans.

Si maintenant nous voulons faire des observations sur les mouvements de la cavalerie pendant le combat il faudra reconnaître que cette campagne a réfuté, d'une manière péremptoire, une opinion généralement répandue : celle que la transformation des armes dans l'infanterie et le nouveau système d'artillerie enlèvent à la cavalerie toute son importance d'autrefois et ne lui permettent pas d'apparaître sur les champs de bataille.

La charge décisive par la brigade des dragons de la garde prussienne et la division de Rhein-haben, le 16 août sous Mars-la-Tour, rappelle les exploits les plus brillants de Seidlitz et de Ziten ; et la charge des quatre régiments français que Mac-Mahon ordonna à Wœrth, pour ralentir les progrès de l'enne-mi, rappelle les plus beaux jours de cette cavalerie bardée de fer que les Murat, les Lassalle, les Latour-Maubourg conduisaient à la victoire sur les champs de bataille de l'Europe.

Dans ces charges, les pertes des assaillants étaient énormes. De la brigade des dragons de la garde, il n'est resté qu'une poignée d'hommes ; presque tous les offi-ciers ont été tués ou blessés ; mais aussi quel heureux résultat obtenu par les attaques répétées de ces vail-lants soldats ! Indubitablement ce sont ces attaques qui ont empêché l'armée française d'atteindre Verdun, qui l'ont forcée d'engager toutes ses forces les unes après les autres, et finalement d'accepter la lutte sous le canon de Metz. De même à Wœrth. Par leur charge brillante, les cuirassiers français permirent à l'infan-terie, qui venait d'être battue, de se retirer dans un ordre relatif. Sans doute ils furent presque entièrement détruits ; mais sans leur perte jamais peut-être les restes du corps de Mac-Mahon n'auraient pu arriver à Châlons.

Ces exemples et d'autres semblables, fournis par la guerre actuelle, prouvent que la cavalerie conserve toujours le rôle honorable qu'elle a joué dans les guerres précédentes, durant plusieurs siècles. L'action pernicieuse du fusil à tir rapide et de l'artillerie perfectionnée fait aujourd'hui plus de ravages parmi les cavaliers ; mais les charges de cavalerie, plusieurs fois renouvelées, peuvent, non-seulement atteindre les lignes ennemies, mais encore les briser. Nous en trouvons plus d'un exemple dans cette campagne si féconde en enseignements. L'important, c'est de bien choisir le moment opportun pour lancer ces escadrons, et alors les pertes subies par la cavalerie seront et au delà compensées par le résultat de la bataille.

En parlant de la cavalerie en général il faut mentionner que dans l'armée prussienne on fait particulièrement attention à ce que les aides-de-camp montent les meilleurs chevaux et soient parfaits cavaliers. Outre ces deux conditions, on exige des officiers nommés aides-de-camp qu'ils sachent d'une manière très-intelligible transmettre les ordres qu'ils ont reçus et rapporter les renseignements qu'ils ont obtenus.

A notre avis, ces exigences sont très-rationnelles et

leur accomplissement, de la part des officiers nommés aides-de-camp, est positivement indispensable.

Avec l'étendue considérable qu'ont aujourd'hui les champs de bataille, avec les masses énormes qu'il faut concentrer pour amener un résultat décisif, de toute nécessité ceux qui transmettent les ordres doivent monter des chevaux forts et rapides ; sinon ces ordres n'arriveront jamais à l'extrémité des ailes, et surtout aux détachements qui agissent sur les flancs de l'armée. Quant à l'exactitude avec laquelle doivent être transmis les ordres ou présentés les rapports et les renseignements, inutile d'en parler. La modification en apparence la plus insignifiante dans un ordre, la simple omission d'un mot peut, non-seulement causer l'insuccès d'une bataille, mais amener une défaite complète.

APERÇU GÉNÉRAL SUR LA MANIÈRE D'OPÉRER DES BELLIGÉRANTS.

> « Rappelez-vous qu'à la guerre, le succès est tout entier dans la justesse du coup d'œil, dans la vitesse et dans la vivacité de l'attaque. »
>
> SOUVOROV.

Dans le chapitre relatif à la préparation du théâtre de la guerre, nous avons cherché à montrer avec quelle profondeur les Prussiens avaient conçu et étudié sous tous les rapports le plan général de la campagne. Ils avaient tout préparé, tout calculé et tout combiné à l'avance, sans qu'on puisse dire, pour cela, qu'aucune des éventualités alors imprévues et survenues plus tard, les ait pris au dépourvu.

Un des récits qu'on se plaît le plus à répéter dans les rangs de l'armée prussienne, est celui des circonstances dans lesquelles s'effectua vers le nord (c'est-à-dire vers Sedan) le mouvement de deux armées, celle du prince héritier de Prusse et celle du prince royal de Saxe.

C'est, dit-on, par les journaux belges que le comte de Moltke apprit que le maréchal de Mac-Mahon se dirigeait de Châlons vers le nord en vue de débloquer Bazaine. Le maréchal, on le sait par la correspondance secrète de l'empire récemment publiée par le Gouvernement de la défense nationale, ne voulait pas effectuer ce mouvement, qui s'est terminé, pour son armée, par la catastrophe de Sedan. Il fallut toute l'insistance du ministre de la guerre d'alors (Palikao) et de la régence, pour le forcer à cette marche qui devait lui être si fatale.

Il suffit, en effet, d'étudier la force relative des armées belligérantes et la configuration de la frontière franco-belge pour reconnaître que ce mouvement était d'une imprudence extrême. Ce qui pouvait en résulter de moins fâcheux pour l'armée française était de se voir acculée sur la frontière belge et forcée de déposer les armes sur un sol neutre, en présence d'une armée de 50,000 Belges, alors réunie sur ce point.

Les nouvelles apportées par les journaux belges inspirèrent à celui que les Allemands appellent le *génie silencieux*, des méditations dont un simple détail atteste la profondeur. Le comte de Moltke attache si peu d'importance à toute manifestation extérieure du pouvoir, que jamais, par exemple, on ne voit de sentinelle à la porte du logement qu'il occupe. Mais, cette fois, la première nouvelle d'un mouvement de l'armée française vers le nord fit déroger à cet usage. Une sentinelle fut placée devant la maison qu'il occupait, avec ordre de n'y laisser entrer personne, et Moltke passa la nuit entière à étudier sur ses cartes la possibilité d'un mouvement si peu croyable.

Il aurait pu d'autant mieux en douter qu'au moment même où les journaux belges apportaient ce bruit au quartier général prussien, les journaux français annonçaient que, dans un discours prononcé au corps législatif, le général Palikao, ministre de la guerre, avait dit, entre autres choses, que si *Paris connaissait le mouvement de troupes qu'il connaissait lui-même, Paris serait illuminé.*

Après ces longues réflexions, le comte de Moltke, convaincu de la possibilité du mouvement français, dressa son plan en conséquence. Il prit, pour diriger deux armées allemandes vers le nord, les dispositions qui valurent bientôt aux Prussiens une victoire sans exemple dans les pages de l'histoire militaire ; de sorte que, le matin, quand les nouvelles reçues des avant-postes vinrent confirmer le dire des journaux belges, il suffit d'envoyer les derniers ordres pour que neuf corps d'armée pussent se mettre en marche de différents côtés, en vue de concourir à la solution du difficile problème qui se posait ainsi.

En présence d'un tel fait, il serait difficile de ne

pas penser, avec les Prussiens, que l'espèce d'instinct
supérieur qui fit si bien deviner à Moltke les mouvements de son adversaire, et que les merveilleux calculs qui déterminèrent en ce moment la marche des
troupes prussiennes, constituent bien ce qu'on appelle
le *génie militaire*.

Ces bruits de journaux, si bien mis à profit, et ce
travail nocturne aboutissant à faire mouvoir des
masses d'hommes, rappellent beaucoup un fait qui
eut lieu avant la bataille de Lutzen. Napoléon Ier,
passant en calèche dans les environs de cette ville,
y entendit une forte canonnade et des fusillades entre
les villages de Kaï, de Rana, de Klein et de Gross-
Herschen. Ces bruits sourds le guidèrent dans ses
combinaisons, et ce fut ainsi qu'il put donner à ses
corps d'armée la direction qui lui fit remporter une
des plus belles victoires de la dernière époque de sa
vie militaire.

Une des particularités de la campagne de 1870
consiste en ceci, que dès les premières batailles les
forces des Prussiens surpassèrent de près du triple
celles des Français. En ce qui concerne les batailles
de Wissembourg et de Wœrth, cette supériorité est
un fait incontestable, et en ce qui concerne Saarbrucken, l'assertion de Rustow » (dans son ouvrage
intitulé : *La guerre pour la frontière du Rhin*) qu'à
cette bataille les forces des deux antagonistes étaient

à peu près égales, ne nous paraît pas fondée. En éva-
luant les forces, il aurait fallu, selon nous, tenir
compte, non-seulement des corps qui ont donné, mais
aussi des corps de la réserve. Car la seule présence
de ces réserves exerce sur les troupes qui combattent
une influence morale considérable, mais d'une nature
diverse, ou plutôt opposée. Elle inspire aux unes la
confiance en leur donnant la certitude d'être soutenues à temps, s'il en est besoin, tandis que les autres
sentent qu'après avoir lutté contre les forces qui sont
immédiatement devant elles, elles auront encore à
lutter contre des forces toutes fraîches.

Quoi qu'il en soit, ces premiers coups portés aux
armées françaises par les Prussiens, avec des forces
supérieures, ont eu sur la suite des événements militaires une grande influence. Ces victoires, remportées
dès l'entrée de la guerre, en pays ennemis, par de jeunes
soldats sur les vieux régiments algériens trempés
dans de nombreuses campagnes (c'était de ceux-là
surtout qu'était composé le premier corps d'armée
français) élevèrent le moral de l'armée prussienne
en lui donnant l'assurance de nouveaux succès. Les
mêmes faits agirent d'une façon directement contraire sur les Français, qui ne s'étaient nullement
attendus à voir leurs adversaires les attaquer avec
tant de vivacité, de résolution et d'énergie.

Voici ce que dit sur ce côté de la question, l'auteur de la brochure : *Des causes qui ont amené la capitulation de Sedan*, déjà mentionnée par nous :

« Le 1er corps, formé en majeure partie des régiments d'Afrique, avait fait preuve à Freischweiller d'une héroïque valeur que l'écrasante supériorité numérique de l'ennemi avait seule pu vaincre. Vivement impressionnées par la défaite et les effets foudroyants de l'artillerie prussienne, ces troupes rapportaient du champ de bataille des dispositions fâcheuses que leur retraite jusqu'à Châlons, des marches incessantes et longues, des privations matérielles avaient encore aggravées. Le maréchal de Mac-Mahon ne se le dissimulait pas et comprenait qu'avant de les ramener au feu, il eût été sage de leur donner le repos et le temps capables de les raffermir. C'étaient nos plus vieilles troupes; entourées de la renommée qui s'attache à bon droit aux soldats d'Afrique, elles l'avaient amplement justifiée. Le spectacle de leur découragement donné au reste de l'armée était donc doublement à craindre. »

On lit dans une autre brochure française : *Les causes qui ont amené les désastres de l'armée française dans la campagne de 1870.*

« Durant cette longue marche de Saverne à Neufchâteau et de la Petite-Pierre à Chaumont, le désordre des deux corps d'armée fut extrême. Nos soldats, sans vivres et sans campement, offraient le spectacle le plus douloureux du découragement et de l'indiscipline. Le convoi étant resté aux mains de l'ennemi, et aucune distribution régulière ne leur étant faite, ils pillaient, maraudaient, mendiaient même, et ce qui ajoutait à la tristesse de cette situation, c'est que l'autorité militaire, sans autoriser ces actes regrettables, se trouvait dans la nécessité de les tolérer ; de telle sorte qu'encouragés par l'impunité, les excès de toute nature ne connaissaient plus de bornes. La voix des chefs, impuissante à retenir leurs soldats dans le devoir, était méconnue, et, rompant les rangs, marchant isolément, en avant, en arrière ou sur les flancs de la colonne, il s'arrêtaient dans les fermes, chassaient le gibier, parcouraient les hameaux, les villages environnants où ils semaient l'effroi par leurs récits exagérés ou par leurs exigences et leurs déprédations. Le chiffre des disparitions dans les régiments grossissait chaque jour davantage et aucune mesure de rigueur n'était prise pour en arrêter le développement ; la prévôté ne recherchait ni absents ni maraudeurs. Certains officiers généraux eux-mêmes, ou restaient en arrière ou gagnaient en avant quelques étapes pour prendre du repos. Les états-majors ne déterminaient jamais leurs campements avec méthode et en vue d'une attaque imminente ; des grand'gardes n'en couvraient jamais les abords ; les fausses alertes, surtout dans le 5ᵉ corps, étaient fréquentes, et toujours, dans ces cas, l'attitude de nos hommes trahissait leur trouble et leur inquiétude. Des orages continuels, poursuivant nos colonnes d'étape en étape, contribuaient encore à augmenter le désordre et la confusion de nos marches. La journée de Lunéville à Bayon fut entre toutes la plus lamentable : nos soldats, dispersés par une pluie sans trêve, brisés de fatigue, trempés jusqu'aux os, arrivaient à Bayon dans un désarroi inexprimable, cherchant en tous lieux leurs cantonnements épars sur le territoire de plusieurs communes. Le désordre, la confusion, l'indiscipline de notre armée durant ces marches ont laissé dans l'esprit des populations qu'elle a traversées, une impression si pénible qu'elles devront garder longtemps le triste souvenir de son passage.

« Ainsi, les hostilités étaient à peine commencées que déjà les fatales conséquences des dispositions stratégiques prises au début de la campagne se faisaient partout sentir. Deux corps d'armée avaient été vaincus et la France était ouverte à l'invasion étrangère; sur tous les points de nos frontières, notre armée était en fuite : »

Ces citations, où des Français avouent eux-mêmes l'extrême désorganisation qui régnait dans leurs armées dès leurs premières rencontres avec l'ennemi, montrent avec quelle précision de calcul les Prussiens avaient réglé les premiers mouvements de leurs troupes en vue de s'assurer la victoire par le seul fait d'une supériorité de forces sur un point et à un moment donnés.

On y voit aussi quelle fut l'impression produite sur les Français par les premières victoires de leurs ennemis. Quant aux Prussiens, ces succès leur inspirèrent une telle confiance en leur supériorité que, dans les rencontres subséquentes, même alors que les forces étaient égales de part et d'autre, la victoire leur restait toujours.

Dans le chapitre sur les armes à feu portatives, nous avons déjà fait observer que la supériorité des fusils du système Chassepot sur les fusils à aiguille, a été cause que les généraux français ont donné à leurs opérations le caractère de lutte défensive au lieu de prendre l'offensive. Le signal du clairon « *pour l'attaque,* » ce signal si cher aux Français, les Français ne l'ont presque pas entendu durant toute la campagne, et ainsi fut perdu l'effet magique qu'il produit ordinairement sur le bouillant soldat français. L'auteur de la brochure « *Des causes qui ont amené, etc.,* » a sur ce point des paroles remarquables. Il nous apprend que, même sous Sedan, quand Wimpfen, avec des troupes choisies dans différents corps, voulut faire une tentative désespérée pour s'ouvrir un passage, et ordonna de donner le signal de l'attaque, presque pour la première fois depuis l'ouverture de la campagne, les Français se précipitèrent en avant;

mais il était déjà trop tard. Ils tombèrent sous le feu écrasant de l'artillerie et des armes à feu des armées prussiennes réunies. Il fallut arborer presque sur-le-champ le drapeau blanc, qui fit cesser le combat. C'est qu'en adoptant la guerre défensive, les Français sont devenus infidèles à leur caractère national ; ils se sont privés du moyen de vaincre qui pendant si longtemps les avait si bien servis : l'initiative de l'attaque.

Ici se présente à nous la question la plus importante qui ait surgi dans cette campagne, celle du fait d'avoir tourné et entouré toute une armée, et de l'avoir ainsi forcée à capituler.

Sans nous dissimuler la difficulté du problème qui se pose ainsi devant nous, nous nous efforcerons de déterminer, dans la mesure du possible, à quel point le fait de tourner une armée pour l'entourer de tous les côtés, — cet Uber Flugeln de Bulov, pour lequel Napoléon Ier se montrait si sévère — constitue un moyen de vaincre définitif et sûr.

Dans la campagne actuelle, nous avons sous les yeux les très-remarquables faits que voici :

Sous Sedan, 80,000 Français ont été entourés par 200,000 Prussiens et forcés de capituler. A Metz, sous les murs d'une forteresse réputée imprenable, 170,000 Français ont dû mettre bas les armes devant une armée prussienne de 225,000 hommes ; et enfin, aujourd'hui, sous Paris, malgré l'étonnant courage des habitants, malgré l'énergie du général Trochu et du Gouvernement de la défense nationale, qui ont su organiser la résistance d'une capitale si populeuse, nous voyons cette place, avec son million et demi d'âmes, dont 400,000 sont armés et dont 150,000 sont des troupes bien organisées, entourée par un ennemi moins nombreux.

Assurément, le dernier mot de ce drame n'est pas encore dit ; mais le fait seul du siége et du bombardement d'une telle ville est un fait très-significatif. Il l'est d'autant plus que les chefs de l'armée assiégée avouent eux-mêmes qu'il est impossible de briser le cercle de fer dont les Prussiens ont entouré la capitale moderne du monde civilisé. Voici ce que le général Ducrot dit dans son ordre du jour publié après la sortie des 29 et 30 novembre :

« Soldats,

« Après deux journées de glorieux combats, je vous ai fait repasser la Marne, parce que j'étais convaincu que de nouveaux efforts dans une direction où l'ennemi avait eu le temps de concentrer toutes ses forces, et de préparer tous ses moyens d'action, seraient stériles.

« En nous obstinant dans cette voie, je sacrifiais inutilement des milliers de braves, et, loin de servir l'œuvre de la délivrance, je la compromettais sérieusement, et je pouvais même vous conduire à un désastre irréparable.

9.

« Mais, vous l'avez compris, la lutte n'est suspendue que pour un instant : nous allons la reprendre avec résolution. Soyez donc prêts, complétez en toute hâte vos munitions, vos vivres, et surtout élevez vos cœurs à la hauteur des sacrifices qu'exige la sainte cause pour laquelle nous ne devons pas hésiter à donner notre vie. »

Cependant, il y avait du côté des Français, dans les affaires des 29 et 30 novembre, une supériorité considérable. Le premier jour, les Prussiens ne pouvaient pas avoir plus de 25,000 hommes, y compris la division d'Obernitz et la brigade du 6ᵉ corps ; le second jour, à la vérité, ce nombre fut accru du 2ᵉ corps, d'une partie du 6ᵉ corps et des Saxons ; mais les Français avaient dans chacune des deux journées au moins 70,000 hommes, qu'on aurait pu porter à 120,000 en faisant sortir en entier les trois corps du général Ducrot. Pourquoi donc, malgré cette supériorité numérique, malgré le brillant courage du général Ducrot, qui eut cinq chevaux tués sous lui, les Français durent-ils renoncer à l'espoir qu'ils avaient conçu de rompre les armées ennemies ?

C'est que les troupes françaises engagées dans cette affaire avaient leurs cadres composés des débris de corps qui avaient tout récemment subi toute une série de défaites. Il est aisé de comprendre que des recrues, instruites dans l'art de la guerre par des gens qui avaient eux-mêmes éprouvé la force des armées prussiennes, ne se décidaient pas aisément à se rencontrer en face avec les vainqueurs de leurs maîtres. Avec une parfaite abnégation d'eux-mêmes, les jeunes soldats mouraient sur place, sous une grêle de boulets et d'obus ; mais les entraîner en avant a été chose parfaitement impossible.

Revenons à la question que nous étudions, celle de savoir jusqu'à quel point peut contribuer à la victoire le fait de tourner l'ennemi de tous les côtés, ou seulement sur ses flancs, ou si cette manœuvre peut être exécutée par des forces moins considérables que celles de l'ennemi, — et voyons ce que dit, sur ce sujet, un des écrivains militaires belges les plus appréciés, M. Vandevel, que le célèbre Jomini tenait en haute estime.

Dans son ouvrage, très-connu et à juste titre, sur la campagne de 1866, Vandevel, parlant de la bataille de Kœnigsgrœtz, la compare, mais en sens inverse, à la bataille d'Austerlitz, et il démontre que le mouvement de troupes qui dans cette dernière avait causé la défaite des armées alliées, fut, au contraire, à Kœnigsgrœtz, celui qui aida les Prussiens à remporter sur les Autrichiens une victoire complète.

A Austerlitz, les armées alliées devaient, d'après le plan conçu par Weinroter, se porter en plusieurs colonnes sur les flancs de l'armée française dans le but de l'envelopper. Mais Napoléon Ier, après avoir attendu que ces mouvements de l'ennemi fussent bien dessinés, concentra toutes ses réserves, et en les lançant vigoureusement contre le centre des alliés, il remporta une de ces victoires décisives qui ont le plus contribué à faire une glorieuse légende de son nom et de ses actes.

A Kœnigsgrœtz, au contraire, un mouvement tournant presque identique, opéré par les armées du prince héritier de Prusse et de Gervaert von Bitenfeld, fut couronné d'un plein succès. Il fit remporter aux Prussiens une brillante victoire, quoique le centre des troupes autrichiennes eût défendu avec le plus grand courage et pied à pied ses positions, notamment la forêt de Sadova, qui, comme l'on sait, fut prise et reprise jusqu'à sept fois. Et pourquoi cette remarquable fermeté du centre de l'armée autrichienne n'aboutit-elle pas à un meilleur résultat ? parce que Bénédeck ne sut pas profiter à temps de deux corps tout frais et n'ayant pas tiré un seul coup de la journée, qu'il avait en réserve ; il eût suffi, peut-être, de les lancer hardiment sur l'armée du prince Frédéric Charles pour donner une autre issue à la bataille.

En ceci toute la question se réduit : d'abord, à bien juger de la direction des troupes chargées d'opérer le mouvement tournant, et ensuite, à savoir saisir le moment précis où une attaque hardie et rapide sur le centre de l'adversaire ou sur une des colonnes chargées de tourner, peut être victorieuse.

Dans nos conversations avec les officiers prussiens au sujet des manœuvres compliquées qui précèdent forcément un mouvement tournant sur les flancs de l'ennemi, surtout quand il s'agit de l'entourer complétement, comme c'était le cas sous Sedan et sous Metz, nous avons souvent demandé si les auteurs de ces combinaisons ne craignaient pas que l'ennemi profitât du moment où les corps chargés d'effectuer ces mouvements de circuit, souvent très-compliqués, n'auraient pas encore occupé les points qui leur étaient assignés pour attaquer rapidement et battre les corps placés immédiatement en face de lui. A cela une même réponse a toujours été faite. C'est que si le comte Moltke avait su avoir devant lui des adversaires capables, comme Napoléon I, de commander et de faire exécuter des mouvements aussi hardis, et de saisir le moment propice pour en assurer la réussite, il n'aurait probablement pas risqué des combinaisons pareilles, mais aurait imaginé quelque autre tactique, mieux appropriée au caractère et aux capacités militaires de ses antagonistes.

Une autre question, qui se rattache étroitement à celle que nous venons d'examiner et qu'il serait très-curieux d'étudier, est celle de savoir si les nouvelles armes à feu portatives et l'artillerie perfectionnée ferment toute issue à une armée entourée, et si, dans cette position, la seule chose qu'une armée ait à faire est de mettre bas les armes.

Les récentes capitulations de Sedan et de Metz semblent résoudre cette question sans appel.

Mais nous nous élevons positivement et énergiquement contre une telle opinion, et nous attirons l'attention du lecteur sur le passage suivant de la brochure : *Des causes qui ont amené les désastres de l'armée français dans la campagne de* 1870. L'auteur, déterminant le caractère du mouvement des corps prussiens, qu'il a décrit plus haut, s'exprime en ces termes :

« Ces dispositions, bien combinées, indiquent clairement le plan de bataille des généraux ennemis Il s'agissait d'envelopper l'armée française dans un cercle de feu qu'ils rétrécissaient sans cesse, et de l'obliger à déposer les armes, soit en l'acculant à la Meuse, où ils la livraient à la mitraille des Bavarois, établis sur la rive gauche, soit en l'enfermant dans la place de Sedan qui, dépourvue de vivres et de munitions, ne pouvait leur offrir les moyens de résister longtemps à l'effet meurtrier de leur puissante artillerie. »

L'auteur ne dit pas, après cela, s'il y a eu des tentatives sérieuses, avec choix du moment opportun, et soutenues à temps, pour forcer les lignes ennemies.

De sa brochure même il résulte, néanmoins, que des
entatives de ce genre, mais sans liaison et provoquées par des chefs particuliers, ont positivement eu
lieu, et que quelques-unes d'entre elles, d'abord heu-
reuses, avaient même forcé les Prussiens de battre
momentanément en retraite. Ainsi, nous lisons à la
page 76 de cette brochure :

« Au même instant, le centre de notre ligne tentait
un effort désespéré pour déloger les Saxons des
hauteurs dominantes qu'ils occupaient, et d'où, sur la
gauche, la nombreuse artillerie de la garde prussienne foudroyait nos bataillons de ses feux d'en-
filade : nos soldats, emportés par un élan sublime,
escaladent les pentes escarpées et couvertes des bois
qui abritaient nos ennemis; ils s'avancent résolûment
à travers la grêle de balles et de mitraille qui les
enveloppe; il semble à cet instant que la victoire
revient sous nos drapeaux, et l'espérance renaît dans
tous les cœurs.

« Depuis quelques heures le combat d'artillerie se
poursuivait de part et d'autre avec un égal acharne-
ment, et malgré l'héroïsme de nos canonniers, nous
n'avions encore obtenu aucun résultat décisif. Bien
plus, l'impuissance reconnue de notre artillerie et
l'effroyable éclatement des innombrables projectiles
que l'ennemi faisait pleuvoir au milieu de nous,
n'avaient semé dans l'esprit de nos soldats inactifs

que la terreur et la démoralisation. Menacés d'être enveloppés par une ligne continue de troupes ennemies, il importait cependant de se frayer un passage sur la droite de l'armée du prince royal pour gagner la route de Mézières, si nous ne voulions être obligés de déposer les armes. A cet effet, nos escadrons de cuirassiers, sortant du vallon où ils étaient massés, se mirent en mouvement, et avec un ensemble admirable, franchirent au galop de leurs chevaux le revers du plateau occupé par les tirailleurs prussiens, qui, frappés de stupeur par cette charge subite, furent en un instant dispersés ou rejetés dans le village de Floing. La crête de la colline sur laquelle les bataillons commençaient à s'avancer fut entièrement balayée, et si, en ce moment, nos généraux avaient fait suivre les cuirasiers de colonnes d'infanterie, peut-être fussions-nous restés maîtres de la crête opposée du plateau et du village de Floing; mais il est probable que là seulement se serait borné notre succès, car eussions-nous refoulé les bataillons de la ligne ennemie et dégagé la route de Mézières, que nous ne pouvions échapper à l'étreinte des Wurtembergeois et de la cavalerie de Donchery, soutenus par le corps de réserve des Bavarois. Il faut reconnaître, toutefois, qu'un tel avantage pouvait changer les conditions de notre désastre. »

Quand Wimpfen se décida, comme il est dit plus

haut, à tenter, avec des régiments découragés, de forcer les lignes ennemies, et fit dans ce but sonner l'attaque, les Français se précipitèrent courageusement
en avant et firent d'abord reculer les troupes unies.

Ce qui nous confirme enfin dans l'opinion qu'une
armée, même tournée, *peut* encore briser les lignes
ennemies, c'est le témoignage unanime de ceux des
officiers français faits prisonniers à Sedan avec
lesquels nous avons eu l'occasion de nous entretenir
de cet événement. Tous, en effet, se sont dit profondément convaincus que si le maréchal Mac-Mahon
n'avait pas été blessé à sept heures et demie,
au moment même où il ralliait les corps de Lebrun
et de Ducrot pour se frayer un passage sur Mézières,
il aurait parfaitement atteint son but. Et, même après
cette blessure du maréchal, ce plan aurait pu être
réalisé par le général Ducrot, auquel il avait remis le
commandement et donné ses instructions, si l'instant
favorable pour attaquer les lignes ennemies n'avait
été passé, et si, en ce moment même, Ducrot n'avait
pas dû céder le commandement à un général arrivé
deux jours auparavant d'Algérie, le général Wimpfen, son supérieur en grade et porteur d'un ordre écrit
du ministre de la guerre d'alors.

Des citations, des exemples et des récits qu'on vient
de voir, on peut conclure, selon nous, que ni les armes à feu à tir rapide ni l'artillerie perfectionnée ne

peuvent, en aucun cas, empêcher des troupes tournées ou même entourées, de percer les lignes ennemies, pourvu qu'il y ait chez elles une ferme résolution d'arriver à ce but. Des exemples d'attaques de cavaliers réussissant à percer plusieurs lignes mettent hors de doute la justesse de cette opinion. Mais pour qu'une tentative aussi décisive, dont le salut d'une armée entière peut dépendre, réussisse parfaitement, il est indispensable : d'abord que le général en chef sache choisir le moment le plus favorable pour une telle tentative (celui, par exemple, où toutes les forces ennemies n'ont pas encore eu le temps d'occuper les positions assignées à chacune d'elles), et en second lieu que le premier effort des troupes marchant en tête de la colonne d'attaque soit soutenu en temps utile par les lignes de derrière. Sans cette seconde condition, la tentative des premières lignes pourra être un brillant exploit, mais n'aboutira qu'à une perte inutile des braves qui l'auront faite.

Quand un général en chef sait profiter du moment favorable, qu'il est résolu, et qu'il a sous la main des soldats vaillants, préférant la mort à une captivité sans gloire, il y a toute chance pour que les tentatives de briser les lignes ennemies soient couronnées de succès, mais jamais sans que les attaquants aient à subir de grandes pertes.

Il va sans dire que le moment le plus favorable pour

battre l'ennemi dont on est enveloppé, est celui où ses corps détachés, en voie d'exécuter leurs mouvements tournants, ne sont pas encore réunis comme ils doivent l'être. Le succès est naturellement plus facile dans la première phase de l'investissement, avant que l'ennemi ait eu le temps d'étudier suffisamment le terrain et de s'y fortifier. Plus tard, la chose devient de plus en plus plus difficile, mais sans cesser pourtant d'être possible, pourvu toujours que l'on saisisse le moment opportun et que l'on se résigne d'avance à des pertes considérables.

Il faut, en outre, que l'armée entourée, même alors qu'elle a besoin d'être réorganisée, comme c'était le cas des armées françaises à Paris, ne reste pas inactive, mais qu'elle fasse autant de sorties que possible, tous les jours, en choisissant des heures différentes du jour et de la nuit, et au moyen de détachements plus ou moins nombreux, de telle sorte que l'ennemi, ignorant la force des troupes qui l'attaquent, se trouve, ainsi continuellement en alerte. En agissant de cette manière, on fatigue l'ennemi, on rend plus facile l'issue du combat décisif, et les petits succès qu'on peut remporter relèvent le moral de l'armée. Ni sous Metz ni sous Paris, les Français n'ont employé ce moyen; , toujours au contraire, de longs intervalles, passés dans l'inactivité, séparaient les grandes sorties l'une de l'autre.

En passant maintenant aux opérations stratégiques des armées belligérantes, il faut observer, avant tout, que la grande supériorité des armes portatives françaises, déjà constatée plus haut, n'a pas eu en faveur des Français les avantages qu'on en pouvait attendre. Elle les a induits à occuper de préférence des positions défensives, d'un accès difficile, qui, à la vérité, retenaient longtemps l'ennemi, mais en même temps les empêchaient eux-mêmes de prendre l'offensive et leur enlevaient ainsi ce caractère inappréciable qui, dans toutes les guerres précédentes, donnait aux armées françaises une force toute particulière, je veux dire, l'irrésistible et décisive vivacité de l'attaque.

Les Prussiens, de leur côté, par suite de leur constante supériorité numérique, et plus encore par l'effet de leur supériorité morale, due aux résultats brillants des affaires de Wœrth, de Wissembourg et de Saarbruken, n'attendaient souvent pas que l'action de l'artillerie eût suffisamment préparé l'attaque. Sans se donner même le temps de prendre strictement leur place dans l'ordre de bataille voulu, ils se précipitaient en avant, et attaquant en colonnes épaisses, au risque de subir des pertes énormes sous le feu meurtrier de l'ennemi.

Dans quelques combats, ces pertes ont été si considérables que le roi a dû attirer particulièrement l'attention des principaux chefs sur ce fait, et que tout en rendant, dans ses ordres du jour, justice au courage et à la vaillance des troupes, il ordonnait catégoriquement qu'elles se conformassent plus rigoureusement aux règles de l'art militaire.

Les dispositions des divers corps d'armée qui investissent Paris, et que nous avons eu occasion de voir, indiquent jusqu'à quel point les Prussiens tiennent compte de toutes les particularités du terrain, et avec quel soin leurs mesures sont adaptées à chaque localité.

Chacune des divisions dont se compose cette armée est disposée de telle sorte que, tandis que la cinquième ou la sixième partie du corps va aux avant-postes et bivouaque, les autres parties sont installées dans les nombreux villages qui entourent Paris.

Les avant-postes sont, autant que possible, disposés de telle façon que la première ligne tout entière soit mise à l'abri du feu de l'ennemi, soit par des obstacles naturels, soit par des fossés creusés spécialement dans ce but.

Derrière ces lignes, et à une distance qui varie selon les circonstances locales, se trouvent les principaux avant-postes, auxquels on joint dans certains cas de l'artillerie. Ces postes s'abritent également soit au moyen de fortifications en terre, soit en mettant en état de défense un bâtiment isolé ou une partie du village qu'ils occupent.

10.

En arrière des principaux avant-postes, et toujours à une distance qui varie suivant les circonstances locales, sont placées des réserves, garanties de la même manière que ces postes eux-mêmes.

En ce qui concerne les dispositions des forces principales, on choisit ordinairement, pour ces forces, des positions où peuvent être établies des batteries d'artillerie en abattis de bois coupés dans les forêts et les jardins. Dans le cas où les détachements principaux ont devant eux des villages ou des bâtiments isolés, ces constructions sont soigneusement mises en état de défense. On établit de plus, en avant d'eux, des épaulements pour l'infanterie et des tranchées pour les tirailleurs.

Les ouvrages exécutés en vue des troupes placées aux avant-postes ont pour premier but d'arrêter l'ennemi, de manière à donner aux forces principales le temps d'établir sur les positions qu'elles doivent occuper. C'est aussi sur les positions fortifiées que, d'après les ordres de l'état-major, le combat lui-même doit avoir lieu.

Toutes les voies de communication entre les avant-postes et les principaux détachements, de même que celles entre les réserves et les positions fortifiées, sont soigneusement organisées et indiquées aux troupes. Des poteaux, élevés partout, portent de plus, en langue allemande, des inscriptions précises et claires, indiquant de quel avant-poste principal, vers quelle réserve, ou de quelle réserve à quelle partie de la position conduit le chemin. Le nom de la localité y est également écrit en allemand.

Près des avant-postes principaux et aux grands carrefours se tiennent des piquets de cavalerie pour assurer la rapide transmission des ordres. Pendant la nuit, l'alarme doit être donnée au moyen de tonneaux goudronnés auxquels on met le feu. De plus, tous les états-majors de division sont reliés les uns aux autres au moyen du télégraphe, les états-majors des corps détachés aussi bien que les états-majors des armées.

Outre les points d'observation mentionnés dans notre chapitre II, on avait désigné, pour surveiller les mouvements de l'ennemi, quelques autres points élevés, de telle sorte que rien ne pouvait se produire dans le cercle assigné à chaque division sans être aussitôt remarqué.

Il est aisé de comprendre qu'avec des dispositions si soigneusement prises, et avec la vigilance des armées prussiennes, il était impossible aux Français de tomber à l'improviste sur leurs ennemis. De quelque côté qu'ils se tournassent, ils rencontraient une résistance fortement organisée.

De ces rapides aperçus sur la manière d'agir des deux puissances belligérantes, résulte, selon nous, la conviction que les importants perfectionnements introduits depuis quelque temps dans les armes à feu portatives et dans l'artillerie, ont sans doute modifié dans les détails la manière de faire la guerre, mais qu'elles n'ont nullement changé les bases inébranlables de l'art militaire. Ces bases sont encore aujourd'hui ce qu'elles étaient au temps des Maurice de Saxe, des Frédéric le Grand, des Napoléon Ier et des Souvorow.

La victoire reste, de nos jours comme alors, à celui qui met le plus d'habileté à se prévaloir des accidents du terrain et à saisir le moment favorable.

X

Organisation des derrières de l'armée.

On peut, croyons-nous, dire avec assurance que la campagne actuelle est la première où l'on ait tenté d'organiser systématiquement les derrières d'une armée au moyen des deux grandes découvertes, dont la seconde moitié du XIXe siècle se vante à bon droit, c'est-à-dire les forces de la vapeur et l'électricité.

Pendant la dernière guerre austro-prussienne, on avait reconnu d'une manière éclatante à quels inconvénients est exposée une armée en activité, quand ses derrières ne sont pas organisés *régulièrement,* de manière à assurer l'arrivée, en temps opportun, des hommes, des chevaux, des vivres, des provisions d'intendance et d'artillerie, de même que le renvoi dans l'intérieur du pays des malades, des blessés ou des prisonniers. Écarter de tels inconvénients est devenu plus important aujourd'hui qu'autrefois, par suite de l'application des chemins de fer aux opérations de la guerre. L'usage des voies ferrées ne peut être utile, à ce point de vue, qu'à la condition d'une régularité et d'un ordre parfaits.

Immédiatement après la campagne de 1866, on se

mit, en conséquence, dans l'armée prussienne, à étudier toute une série d'instructions sur l'organisation des derrières de l'armée, et, dès la guerre actuelle, ces instructions ont pu être mises à exécution sous forme de règlements, déterminant, d'étape en étape, le cercle de l'activité de l'inspecteur des communications et de tout ce qui dépend de lui, soit en hommes, soit en institutions.

Cette *première* tentative d'organisation systématique des derrières d'une armée est-elle arrivée à un point de perfection qu'on pourrait appeler le dernier mot sur la question ? Nous ne le pensons pas ; nous croyons, au contraire, que le système adopté réclame encore bien des améliorations dont la guerre actuelle a démontré le besoin, et dont la Prusse s'occupera sans doute plus tard avec toute l'attention nécessaire. Néanmoins, les résultats obtenus dès à présent par l'armée prussienne sont très-remarquables. Nous les trouverons tels, surtout, en nous rappelant notre guerre de Crimée, pendant laquelle nous ne parvînmes jamais, malgré la masse de régiments et de bataillons envoyés à l'armée active, à concentrer en Crimée un nombre suffisant de troupes, et nous vîmes ainsi forcés de défendre Sébastopol avec des bataillons très-faibles, des bataillons souvent composés de deux cents hommes.

Dans les armées allemandes actuellement engagées

en France, il en est autrement. Sans que de nouvelles troupes aient été envoyées dans le pays, ces armées sont encore, à peu de chose près, aussi fortes que le jour où elles ont passé le Rhin. Les bataillons et les escadrons y sont constamment maintenus au complet de guerre, au moyen du renvoi en arrière des invalides, des malades ou des blessés, et de l'envoi dans les corps d'hommes frais, qui en comblent les vides.

Ce maintien des corps formant l'armée active est le but spécial de l'Inspection par étapes, institution qu'on pourrait appeler le chemin qui relie la partie mobilisée et la partie déjà entrée en campagne, du corps territorial avec les troupes locales de réserve et avec les moyens d'aménagement restés sur place.

Le texte des instructions relatives à cette institution de l'inspection par étapes, en fait bien connaître l'objet. C'est :

1° Fournir à l'armée les hommes et les chevaux nécessaires pour renforcer les corps en activité et lui fournir également les réserves d'approvisionnement te d'intendance ;

2° Ramener du théâtre de la guerre dans l'intérieur du pays les malades, les blessés et les prisonniers, de même que les trophées militaires.

3° Assurer, moyennant des troupes particulières, les communications entre l'Allemagne et les armées ; pourvoir à la réparation et à l'entretien des voies de communication, des chemins de fer, des ponts, des lignes postales et télégraphiques ; faire la police sur ces lignes et administrer les provinces ennemies occupées par les troupes allemandes.

Au début de la guerre, on nomma un inspecteur des communications militaires dans chacune des armées actives, qui étaient au nombre de trois. Mais après la bataille de Metz, on en forma une quatrième, celle du prince héritier de Saxe. Au quartier général prussien, il n'y avait point d'inspecteur spécial. Tous les ordres concernant ce département émanaient du chef de l'état-major, et sans intermédiaire allaient directement aux inspecteurs des armées séparées.

Chaque inspecteur doit être posté à une marche en arrière du quartier général de son armée. Il est prévenu de tous ses mouvements, et doit, sur les derrières, diriger toutes les communications, et, comme nous l'avons dit, servir de trait d'union entre l'armée et les lieux où elle s'est formée.

L'endroit où se trouve l'inspecteur général des communications de chaque armée, ainsi que son état-major ou sa direction, s'appelle le *point principal d'étapes*. De ce point part une chaîne continue de *points d'étape*, qui n'a qu'une seule ligne pour toute l'armée jusqu'au croisement des chemins de fer. Là, elle se divise en plusieurs embranchements,

qui vont aboutir aux états-majors des districts territoriaux.

On appelle *point* de *commencement* le point d'étape
établi au quartier général d'un district territorial.
Ordinairement, c'est de ce point qu'on expédie aux
armées actives, sur le théâtre de la guerre, les approvisionnements et les équipements des hommes et des
chevaux.

Pour chaque armée l'état-major ou la direction
d'un inspecteur général d'étapes se compose des
emplois suivants :

1° Le chef d'état-major et ses principaux aides-de-
camp ;

2° Un officier commandant les gendarmes ;

3° Un intendant d'étape ;

4° Un médecin en chef d'étape ;

5° Un directeur de chemin de fer d'étape ;

6° Un maître de poste d'étape et deux inspecteurs ;

7° Un directeur des télégraphes d'étape.

Chacun de ces personnages dirige la partie pour laquelle il est spécialement désigné. Ainsi :

1° Le chef d'état-major, étant l'aide le plus proche
de l'inspecteur général , dirige principalement les
écritures et dispose les troupes destinées à surveiller
les lignes d'étape.

En ce qui regarde la désignation des troupes chargées d'assurer la sécurité et la régularité des commu-

nications, il faut le remarquer, la campagne de 1870 nous offre un exemple très-instructif; c'est la rigueur avec laquelle a été observée la règle de ne jamais distraire, pour ce travail, les soldats de l'armée active, mais de n'y employer que les bataillons et les escadrons de la Landwehr, avec l'artillerie et les sapeurs des forteresses.

Reconnaissons-le, cette manière de couvrir les communications d'étape est parfaitement rationnelle. De plus, elle offre ce grand avantage que, en l'observant, on peut toujours conserver l'effectif d'un corps, d'une division, d'un régiment, et les maintenir au complet, au lieu que des détachements envoyés çà et là sur différents points du théâtre de la guerre, affaiblissent les armées à tel point qu'on a vu fondre des armées entières avant les grandes batailles qui doivent décider du sort d'une campagne.

2° Le chef de la police d'étape, ou l'officier de gendarmerie, avec ses gendarmes, doit assurer l'ordre sur les derrières de l'armée et sur les voies de communication. A lui incombe le soin d'accompagner les prisonniers de guerre et de recueillir les renseignements sur la disposition des habitants du pays. C'est encore lui qui prévient des mouvements de l'ennemi, afin de préparer les communications d'étape.

3° L'intendance de la direction d'étape est chargée de surveiller les arrivages d'approvisionnements, de voir s'ils arrivent en temps convenable, et de les décharger aux endroits d'où ils peuvent avec le plus de facilité être portés aux armées actives .

Dans cette campagne, on a remarqué que le moyen le plus commode pour expédier les approvisionnements aux différentes parties de l'armée active, consiste à ne pas charger un train exclusivement avec les produits de même nature, par exemple le blé ou l'avoine; mais à le composer de tout ce qui est indispensable, et dans une juste proportion, aux hommes aux chevaux pour tout un corps d'armée. Il va sans dire qu'une telle mesure n'est employée que quand les réquisitions faites sur le théâtre de la guerre ne peuvent fournir ce qui est nécessaire et qu'il faut le tirer de son propre pays.

En général, la campagne actuelle a démontré que dans les transports de provisions, il est indispensable d'observer l'ordre le plus sévère. L'intendance doit marquer sur les wagons, non-seulement la nature des objets, mais la troupe à laquelle ils sont destinés.

Outre l'obligation de surveiller les transports d'approvisionnements, l'intendance de l'inspecteur général d'étape doit organiser sur les voies, les magasins que peuvent nécessiter les circonstances de la guerre.

Dans les opérations militaires où il a fallu créer ces magasins, on le faisait au *terminus* des chemins de fer et on y déchargeait les approvisionnements. L'armée venait-elle à avancer, un nouveau magasin était établi au nouveau *terminus*. Les anciens magasins restaient à leur place pendant quelque temps, jusqu'à ce que les troupes de passage eussent consommé les provisions qu'ils renfermaient.

Quand certains objets d'approvisionnement se trouvaient en quantité trop considérable, ce qui arrivait ordinairement à la suite des réquisitions, on les envoyait au magasin nouvellement établi le plus près de l'armée.

Pour empêcher les excès d'approvisionnement et pour en faire la répartition le plus régulièrement possible et selon les besoins, l'inspecteur général, à l'aide du télégraphe, désignait quels étaient les objets trop abondants et quels étaient ceux qu'il fallait garder.

4° Au médecin en chef d'étape et à la section sous ses ordres, incombe la surveillance des lazarets et des hôpitaux établis sur les lignes d'étape. Le médecin en chef s'occupe encore de ce qu'on appelle l'évacuation, c'est-à-dire du renvoi des malades et des blessés dans leur patrie, pour y être soignés par leur famille.

Sans aucun doute, le système d'évacuation qui, dans cette campagne, a été appliqué sur une si vaste échelle, a eu les résultats les plus heureux pour les armée sallemandes. D'un côté, il a permis d'éloigner cette quantité de malades et de blessés qui ordinairement sont pour les armées un fardeau si lourd ; de l'autre, il a conservé la vie à des milliers d'hommes, qui ne doivent leur salut qu'à leur retour dans la patrie et aux soins attentifs de leurs parents et de leurs amis.

La guerre actuelle a encore confirmé cette vérité, émise la première fois par notre célèbre chirurgien Pirogov, qu'il vaut mieux placer les malades et les blessés dans de petits logements séparés, même dans des cabanes de paysans, que de les amonceler, comme on le faisait autrefois, dans des hôpitaux immenses, où, malgré toutes les ventilations, s'engendrent mille maladies contagieuses.

A Versailles, par exemple, où un hôpital de 500 lits avait été organisé dans les magnifiques salles de la galerie des tableaux, bien que l'air eût toutes les conditions voulues, les maladies ont fait de nombreuses victimes.

Outre que le renvoi des malades et des blessés a conservé la vie à bien des gens, dont la guérison était impossible dans d'autres conditions, l'évacuation, pratiquée par l'armée allemande dans de si vastes proportions, a produit encore un avantage très-important sous le rapport militaire, c'est que des 12 lazarets de campagne octroyés à chaque corps d'armée on n'a été obligé d'en ouvrir que quatre ou cinq.

Voici comment s'accomplit le renvoi des malades. Sur différents points des chemins de fer, là où existent

les lazarets et là où la ligne d'étape suit la voie ordinaire, sont établies des commissions spéciales d'évacuation. Elles sont composées de médecins, dont le nombre
varie selon l'importance de la localité.

Sous la surveillance du médecin en chef, chaque
commission détermine : 1º quels sont les blessés et les
malades qui peuvent être transportés, et qu'il faut envoyer dans leur famille ou dans les hôpitaux ; 2º ceux
qui, à cause de la gravité de leur maladie ou de leur
blessure ne peuvent supporter le transport ; 3º enfin,
ceux qui n'ayant qu'une indisposition ou une blessure
légère, n'ont pas besoin d'un traitement prolongé et
peuvent demeurer au lazaret de campagne.

De cette manière, il ne reste avec l'armée active
qu'un nombre insignifiant de malades, c'est-à-dire
ceux dont le transport pourrait être mortel et ceux
qui après quelques jours de traitement peuvent ren-
trer dans les rangs.

Pour tous les blessés et les malades que la commission expédie dans leur pays natal ou dans les hôpitaux, le transport s'effectue dans des wagons disposés
pour cela et dans des trains parfaitement organisés.

Les dispositions prises dans ce but sont très-variées,
et plusieurs d'entre elles sont faites aux frais des
Sociétés de secours pour les militaires blessés ou malades. Le premier train organisé de la sorte appartenait au Wurtemberg ; des trains semblables ont été

organisés à Berlin et dans différentes villes de l'Al-
magne.

En général, l'aménagement de ces trains consiste
en ce qu'ils sont composés de wagons de 3e classe,
avec galerie au milieu, et que, de différentes manières,
on y suspend des civières pour les malades et les blessés.
Au milieu du train on place 3 ou 4 wagons de même
nature, où sont installés la cuisine, la pharmacie, le
médecin, les sœurs de charité et les employés du
lazaret.

La plus grande partie de ce personnel se compose
de personnes qui volontairement se sont offertes pour
traiter et soigner les malades et les blessés; ou bien
de personnes nommées et envoyées par différentes
Sociétés de secours aux militaires en souffrance.

En parlant du système d'évacuation et de l'installa-
tion de lazarets sur le théâtre de la guerre et sur les
lignes d'étapes, on ne saurait passer sous silence le
rôle important qu'ont joué les différentes Sociétés de
secours aux malades et aux blessés.

Nous ne croyons pas exagérer en affirmant que
plusieurs milliers d'hommes, peut-être dix mille,
doivent la conservation de leur vie aux soins et à
l'assistance des membres de ces Sociétés ainsi qu'aux
offrandes généreuses, qui, sous le nom de *dons
fraternels*, arrivaient de chaque ville et de chaque

village, au profit de ceux qui étaient sur le champ de bataille.

Seule, la Société centrale de Berlin, avec l'aide des comités de dames, a réuni et expédié pour 2,800,000 thalers d'objets indispensables aux ambulances et aux hôpitaux, soit pour adoucir les souffrances des malades et des blessés, soit pour préserver des maladies les hommes bien portants.

Toutes les offrandes recueillies par cette Société étaient déposées dans 18 dépôts, créés par elle, sur différentes lignes d'étapes et où l'on distribuait des secours aux troupes les plus proches. En dehors de la Société centrale pour secourir les soldats malades et blessés, il y avait plusieurs autres Sociétés, qui étaient organisées et agissaient pour recueillir les offrandes et les envoyer à l'armée active, ainsi que pour soigner les convalescents dans l'intérieur du pays.

Malgré les efforts énergiques de ces Sociétés et leurs soins auprès des malades et des blessés, la campagne actuelle a montré que la question des secours a besoin d'une grande élaboration, surtout en ce qui regarde le caractère international de ces Sociétés et les rapports de leurs agents avec les autorités militaires des parties belligérantes.

Sous le rapport médical, la guerre actuelle a éclairci plusieurs faits, qui jusque-là n'étaient connus qu'en théorie ou par quelques expériences scientifiques. Par exemple, dans le domaine de la chirurgie conservatrice, il est presque prouvé que les deux tiers des lésions osseuses, qui autrefois demandaient l'amputation, se guérissent par la jonction des membres, moyennant un bandage au gypse.

Mais sous d'autres rapports l'assistance des blessés se trouve encore aujourd'hui dans un état bien peu satisfaisant, et dont la civilisation du 19e siècle ne saurait se contenter. Surtout, nous sentons le besoin d'organiser un système plus rationnel et, disons le mot, plus humain, pour l'enlèvement des blessés du champ de bataille et leur transport aux ambulances.

En cela, il reste beaucoup à faire. Après les grandes batailles, après celles qui se livrèrent sous Metz les 16 et 18 août, des centaines de blessés restèrent quatre et cinq jours sans recevoir le moindre pansement.

Tout en rendant pleine justice à l'activité énergique des Sociétés de secours, tout en admirant l'abnégation de leurs membres auprès des malades et des blessés, il est permis de souhaiter quelques améliorations dans leur organisation, et que leur position dans l'armée soit autant que possible exactement déterminée. L'indétermination de leur position paralyse beaucoup les efforts de ces Sociétés et ne leur permet pas de développer toute leur activité. Sans aucun doute, toutes ces questions seront examinées attentivement et sous tous les points de vue, dès que les circonstances le permettront, c'est-à-dire la guerre une fois terminée.

Dès à présent, en Prusse, on commence à dire que pour agir avec succès en temps de guerre, les Sociétés de secours aux malades et aux blessés doivent, en temps de paix, revêtir le caractère d'institutions permanentes de bienfaisance. Elles doivent exister en temps de paix, et être organisées de manière qu'en temps de guerre elles puissent en toute liberté apparaître sur le champ de bataille.

5° Le devoir principal d'un directeur de chemin de fer et des agents qui lui sont soumis, consiste à assurer la régularité des mouvements par les voies ferrées, soit pour aller à l'armée active, soit pour revenir à l'intérieur du pays.

Dans le principe, le règlement sur les inspections générales d'étape les chargeait, conjointement avec les détachements militaires, de rétablir et d'exploiter les chemins de fer sur le théâtre de la guerre.

Mais, à la suite du développement des opérations militaires, il a paru plus commode de soumettre les détachements de chemin de fer — 5 Prussiens et 1 Bavarois — à l'autorité immédiate du chef d'état-major. Celui-ci, de concert avec la commission exécutive placée sous ses ordres, fait restaurer par les dits détachements les lignes de chemins de fer que l'ennemi a détruites ou abandonnées. Ces lignes une fois remises en bon état, sont confiées pour l'exploitation à des directions et à des commissions spéciales dépendantes des inspecteurs d'étape..

Parmi les travaux exécutés par les détachements de chemins de fer, plusieurs sont des constructions remarquables, par exemple le pont de Trilport, sur la Marne, construit en quinze jours, par le 2ᵉ détachement. On peut en dire autant du chemin de fer pour contourner Metz, entre Remilly et Pont-à-Mousson, sur une largeur de 35 verstes, et qui a été fait en *trente-cinq* jours par le 1ᵉʳ et le 3ᵉ détachement, et du chemin de fer sur les bords de la Marne, pour remplacer le tunnel de Nanteuil, que les Français avaient effondré.

Dans cette campagne, il s'est présenté des circonstances où, pendant le combat, et sous le feu de l'ennemi, les détachements de chemins de fer réparaient les voies endommagées afin de permettre aux trains qui devaient enlever les blessés, d'arriver jusque sur le champ de bataille. C'est ce qui est arrivé au 2ᵉ détachement dans l'affaire de Wissembourg.

Le nombre d'hommes qui compose un détachement, est presque toujours le même. Chaque détachement est formé de deux parties: d'une compagnie de sapeurs, devant fournir telle somme de travail; et du détachement proprement dit, qui comprend 30 de différentes espèces, et 300 ouvriers, constructeurs ou contre-maîtres, serruriers, maréchaux, charpentiers, etc... Tout détachement de chemin de fer a un train spécial avec ses locomotives et ses wagons, sur lesquels est son numéro.

Dans cette campagne, les détachements de chemins de fer, dont le personnel n'excède pas 3,000 hommes, ont rendu d'immenses services aux armées prussiennes.

Après le passage de ces armées, ils réparaient les voies détruites avec une rapidité étonnante, et non moins rapidement ils rétablissaient l'exploitation sur une longueur de 2,500 verstes. Grâce à ces travaux, les Prussiens recevaient sans interruption les approvisionnements nécessaires à une armée de 800,000 hommes.

Quand les détachements avaient restauré les voies détruites par l'ennemi, ou en avaient construit de nouvelles, nous l'avons dit, ces voies étaient remises pour l'exploitation à des commissions spéciales, qui étaient organisées à Epernay et à Saarbrucken, et par elles à cinq directions établies à Épernay, à Nancy, à Saarbrucken, à Strasbourg et à Amiens.

Pour le service des 2,500 verstes de chemins de fer français exploités par l'armée prussienne, on avait fait venir 3,500 hommes qui avaient servi sur les lignes allemandes. Par ce moyen, les Prussiens ont pu quotidiennement, par la ligne principale de Paris en Allemagne, c'est-à-dire Epernay et Strasbourg, expédier 12 trains, aller et retour, dont un express marchant avec une vitesse de 45 verstes à l'heure. Sur les lignes latérales, le nombre des trains, dans les deux sens, variait de 4 à 6. Ainsi, pendant le siége de Paris, l'armée alliée recevait ses provisions par trois lignes principales: 1º par la ligne directe de Strasbourg, jusqu'à Nanteuil d'abord, et, après l'établissement de la voie de contournement, jusqu'à Lagny et jusqu'à Chelles; 2º par la ligne de Soissons jusqu'à Sevran; et 3º par la ligne de Reims et de La Fère jusqu'à Gonesse.

En pays ennemi, à chaque station de chemin de fer, les Prussiens ont placé un poste de la Landwehr, à la disposition de l'inspecteur général d'étapes. Le chiffre de ces postes n'est pas le même partout et dépend du degré d'importance de la station. Aux petites stations près desquelles ne se trouve ni ville ni village populeux, il n'y a que vingt ou trente hommes; dans le cas contraire, une compagnie ou deux; et aux grandes stations, un détachement plus considérable.

Ces troupes sont chargées de garder les bâtiments de la gare et le matériel du chemin de fer; elles répondent également de la régularité et de la sûreté des voies; pour les assurer, les postes placés aux gares, et qui en moyenne sont éloignés de 7 à 10 verstes les uns des autres, doivent envoyer des patrouilles pour visiter la ligne.

Les cas de déraillement, d'accident, d'attaques de la part des Français sont en général très-rares et paraissent insignifiants, si l'on considère l'étendue exploitée par les Prussiens. On attribue la diminution de ces accidents aux dispositions prises par les autorités allemandes. Elles faisaient accompagner chaque train par des personnages notables de la localité, pris comme otage ; de sorte que si le chemin de fer était attaqué ou endommagé, ces personnages en étaient les premières victimes. Cette mesure qui était rigoureuse, mais qui atteignait son but, et les fortes contributions imposées aux populations et aux villes près desquelles arrivaient ces attaques ou ces détériorations, ont coupé court presque subitement aux tentatives de destruction des voies ferrées.

Après ces mesures de précaution, ce qui a le plus contribué à diminuer les accidents des chemins de fer, c'est l'habileté des machinistes allemands, tous hommes du métier, attentifs à leur devoir. Sur ces voies dépourvues de gardiens, ils conduisaient les trains avec une hardiesse étonnante. Il était impossible de remplacer les gardiens français.

Après ce que nous venons de dire sur l'organisation prussienne pour exploiter les chemins de fer français, on le comprendra facilement, l'armée alliée, maîtresse des plus riches provinces de la France, possédant tous les moyens de transport désirables pour tirer d'Allemagne ce qui lui était nécessaire, ne pouvait manquer de rien.

6° *Le maître de poste d'étape*, avec ses subordonnés, sert d'intermédiaire entre la poste ambulante qui suit l'armée, et les directions postales de l'intérieur du pays.

Pour organiser la direction postale de l'armée, le bureau principal de la poste avait envoyé près de deux mille employés. Aussi cette direction a-t-elle rendu des services incontestables pour l'expédition des correspondances du gouvernement et des particuliers.

Durant toute la campagne, l'expédition postale des lettres et des autres objets d'Allemagne, et *vice versâ*, à l'armée et à ses différents corps, qui se trouvent souvent à des distances considérables, s'est effectuée et s'effectue encore presque avec la régularité et l'exactitude ordinaire en temps de paix.

La ponctualité, l'exactitude et la régularité avec laquelle les directeurs de la poste remplissent leurs fonctions, exercent une heureuse influence sur le moral de l'armée allemande. Les soldats savent ce qui se fait à la maison et sont tranquilles sur leur famille. Constamment ils peuvent correspondre avec leurs parents et leurs amis. Ainsi rassuré, chacun rempli son devoir avec un esprit plus libre et plus consciencieusement.

Observons ici que la grande exactitude et l'esprit formaliste si particulier aux Allemands, et dont on se moque à l'étranger, n'empêchent nullement les employés de la poste d'avoir en vue l'essentiel de leurs fonctions plus encore que les prescriptions réglementaires, et de remplir les obligations de leur service de la manière la plus raisonnée. Pour confirmer nos paroles, citons un exemple relatif à la vie des troupes allemandes à l'étranger.

Avant les dernières fêtes de Noël, un ordre du jour fut adressé à l'armée et à toute l'Allemagne. On y déterminait les dimensions et le poids des paquets qui seraient reçus à la poste pour les cadeaux de fête destinés à l'armée. Malgré ces prescriptions, tous les jours les *express* portaient à l'armée 5 ou 6 wagons remplis de paquets dont le poids et les dimensions dépassaient le règlement fixé par l'ordre du jour. Eh bien, la poste allemande, qui est le formalisme personnifié, ne refusa jamais ces envois, tant elle comprenait combien est cher à des hommes éloignés de la famille et de la patrie, tout ce qui rappelle le pays natal, les parents et les amis.

7° *L'inspecteur des télégraphes* et les directeurs placés sous lui, servent d'intermédiaire entre le télégraphe de campagne et les institutions télégraphiques des États allemands. Celles-ci ont donné jusqu'à 2,500 de leurs employés pour organiser le télégraphe de l'armée, et ont contribué aux succès des mouvements militaires.

Sur quelles vastes proportions se trouve la télégraphie dans l'armée active ? Pour s'en faire une idée, il suffit de dire que, tous les jours, chaque chef d'étape reçoit de Berlin toutes les nouvelles politiques et militaires. Par ce moyen on empêche la propagation des faux bruits, et toutes les nouvelles gouvernementales arrivent partout exactement et sans mutilations.

Une telle organisation des derrières de l'armée, ayant à sa disposition les chemins de fer, le télégraphe et la poste, entretenant des communications sûres et rapides entre l'armée active et la patrie, ne pouvait manquer d'influencer favorablement les mouvements militaires des Allemands.

Sans aucun doute, un soldat se bat mieux lorsqu'il est assuré qu'en cas de blessure, il ne périra pas faute de secours, mais sera rapatrié dans le plus bref délai et remis à ses proches. Sans aucun doute, un soldat se bat mieux et plus vaillamment quand il est bien approvisionné, bien vêtu et tranquille d'esprit. On ne saurait non plus révoquer en doute que le soldat se bat mieux quand il voit les vides de son bataillon se remplir, non par des hommes fatigués de longues marches, mais par des hommes frais et vigoureux, amenés par les chemins de fer, à quelques journées,

12.

souvent à quelques heures de la position qu'il faut occuper.

Toutes ces conditions se trouvaient réunies pour l'armée allemande, grâce à l'excellente organisation de ses derrières. Là est une grande cause de ses succès.

Et l'armée française ?... Des nombreuses brochures publiées sur la présente guerre, il résulte que le gouvernement impérial n'avait rien tenté pour organiser les derrières de l'armée. Rien n'avait été prévu pour le cas où, comme il est arrivé dès le commencement de la campagne, au lieu de passer la frontière allemande, l'armée française serait forcée de reculer.

Battues dès leur première rencontre avec l'ennemi, les troupes supportaient dans leur propre pays des privations incroyables, malgré les énormes provisions de l'Intendance, parce que ces provisions étaient préparées pour l'offensive.

Jamais ces provisions ne pouvaient arriver aux lieux, où par la marche des mouvements militaires, on en avait le plus grand besoin, parce que, malgré leur énorme matériel roulant, les chemins de fer étaient insuffisamment préparés au déplacement des troupes et des cargaisons qui leur étaient nécessaires. Pour confirmer nos assertions, ajoutons qu'à l'exception du corps de Vinoy, qui n'a pas pris part au combat de Sedan, et dont certaines portions. dans leur retraite sur Paris, ont été transportées par le chemin de fer de Reims, pendant toute la durée de la retraite des Français, il ne leur est jamais arrivé d'être transportés par les chemins de fer.

En résumé, et en me servant des propres expressions des écrivains français : désordre affreux, désorganisation extrême, ignorance des mouvements de l'ennemi et ignorance de leur propre pays, absence des idées les plus élémentaires sur l'art de la guerre, et presque dédain de ce qui regarde les besoins du soldat, tel est le trait caractéristique de la conduite des Français dans la première période de la campagne.

En revanche, rendons justice pleine et entière à la France. Après une série de défaites affreuses, après la perte de ses meilleures troupes et la capitulation de ses armées régulières, sans provisions, au pouvoir de l'ennemi, sans dépôt d'armes et presque sans cadres, elle a su organiser de nouvelles et nombreuses armées, pourvues d'artillerie et de fusils, et formées de détachements entiers de volontaires. Dans la masse du peuple, c'était l'éveil du patriotisme et de l'amour de l'indépendance. Si le gouvernement de la défense nationale n'a pas donné la victoire à la France, il a sauvé l'honneur du pays, et placé sa défense parmi les actes les plus glorieux de l'humanité.

CONCLUSION.

En terminant cette esquisse, nous considérons comme un devoir de répéter encore une fois, que nous n'avions pas la moindre prétention d'épuiser entièrement le sujet et de signaler toutes les causes des succès étonnants qui, pendant cette guerre, ont accompagné partout la marche des armées allemandes.

Expliquer tous les éléments de ces succès, indiquer toutes les causes qui ont contribué à la défaite des armées françaises est actuellement chose impossible, non-seulement dans une courte esquisse, comme celle que nous soumettons à l'attention du lecteur, mais même dans un travail plus étendu. Plusieurs de ces éléments et de ces causes ne pourront s'éclaircir complétement que dans l'avenir, lorsque pour les événements de l'époque actuelle arrivera le jugement impartial de l'histoire.

En nous occupant du niveau intellectuel de l'armée française et de l'armée allemande, de leur organisation militaire, de leur mise sur le pied de guerre, de la disposition des arrière-gardes, des

moyens de déplacement, et en général des préparatifs militaires, en parlant de l'ordre intérieur de
ces armées, de leur équipement, de la manière de
se battre, de l'esprit qui animait le soldat, nous
avions principalement en vue de montrer, sous
tous ces rapports, la différence qui existe entre
les deux parties belligérantes. Pour ce motif, nous
nous regarderons comme très-satisfaits si, par
cette esquisse, nous avons réussi à jeter un seul
rayon de lumière sur les causes qui ont *réellement* influencé la marche des événements militaires.

A cette occasion nous nous permettrons d'ajouter les réflexions suivantes :

Dans les choses militaires comme dans les autres, on fait plus attention au côté extérieur, à ce
qui frappe les yeux, et trop facilement on attribue
à ces causes matérielles les résultats définitifs de
tel ou tel événement. Quant aux causes morales
qui échappent à la vue et à un examen superfi-
ciel, la plupart du temps elles demeurent inaper-
çues, ou bien on ne leur attribue qu'une influence
secondaire, bien que en réalité elles jouent un
grand rôle et soient le moteur principal.

Ce serait aussi une erreur de ne pas reconnaître
dans les événements militaires l'influence des

hommes de talent et de génie dont l'énergie et la pensée donnent tant de supériorité à la partie au service de laquelle est consacrée leur activité.

Certainement, que de nos jours, les individus ne peuvent plus exercer sur les événements historiques cette influence prépondérante que dans le passé on attribue si justement à certains hommes d'état ou d'épée. Mais il est indubitable qu'aujourd'hui encore une partie de cette influence appartient aux hommes supérieurs.

Aussi pensons-nous que dans l'appréciation de tel ou tel événement historique, il ne faut jamais négliger l'influence qu'exercent ceux dont les talents politiques ou militaires sont généralement reconnus par les contemporains et la postérité.

Après les guerres de Frédéric le Grand on attribuait généralement toutes ses victoires à la manière de tirer, à la marche et à la tactique de ligne, aux statuts militaires qu'il avait établis.

Les succès de la campagne de 1866 paraissent exclusivement dus à la supériorité des armes portatives dont était munie l'armée prussienne.

Enfin les triomphes de l'Allemagne dans cette guerre sont attribués, d'un côté à l'organisation supérieure de son armée et de son artillerie, de l'autre à ce que la France n'était nullement prête pour cette guerre et que son intendance militaire se trouvait dans un état déplorable.

Mais nous croyons que dans les triomphes de l'Allemagne et dans les défaites de la France, il y a, en outre, des causes plus profondes, et qu'il serait injuste d'attribuer les succès du vainqueur et les malheurs du vaincu uniquement aux faits visibles et matériels. Car si, dans les armées belligérantes, l'organisation de l'une et la désorganisation de l'autre ont produit leurs effets naturels, les causes morales ont aussi produit les leurs, et celles-ci ne sont pas les moins considérables.

Une certaine et même une grande part du succès des armes prussiennes doit, ce nous semble, être attribuée au mouvement moral qui, dès le début de la guerre, s'empara de l'Allemagne, depuis la mer du Nord et la mer Baltique jusqu'aux Alpes et au Danube, mouvement qui a peut-être empêché l'Autriche de s'allier étroitement à la France, et qui, en fondant ensemble les divers États de la patrie allemande, a produit une immense armée nationale.

De même, parmi les causes de la défaite des armées françaises, nous ne reconnaissons pas seulement ce fait que leur organisation laissait beaucoup à désirer, que leurs troupes n'étaient pas suffisamment préparées, et que parmi les chefs principaux, il y en avait de totalement dépourvus de tout talent militaire; mais, à notre avis, dans la défaite des Français, dans ces capitulations d'armées de cent mille hommes, dans cette reddition de forteresses munies d'immenses approvisionnements de guerre, dans tous ces revers, se manifeste l'influence pernicieuse du gouvernement des vingt dernières années.

En terminant, répétons-le encore une fois, nous nous estimerons heureux si cette esquisse, résultat de notre court séjour sur le théâtre de la guerre et de nos impressions personnelles, fort pénibles souvent, aide à éclaircir, ne fût-ce que quelques questions provoquées dans l'esprit du lecteur, par cette lutte à la vie et à la mort de deux races, la race germanique et la race latine, lutte que la Russie tout entière observe avec tant d'attention et d'intérêt.

FIN

0) — Bou'ogne-sur-Seine — Imprimerie Typ. et Lith E. CLÉMENT — Admi istration à Paris, 131. rue Mo tmartre.

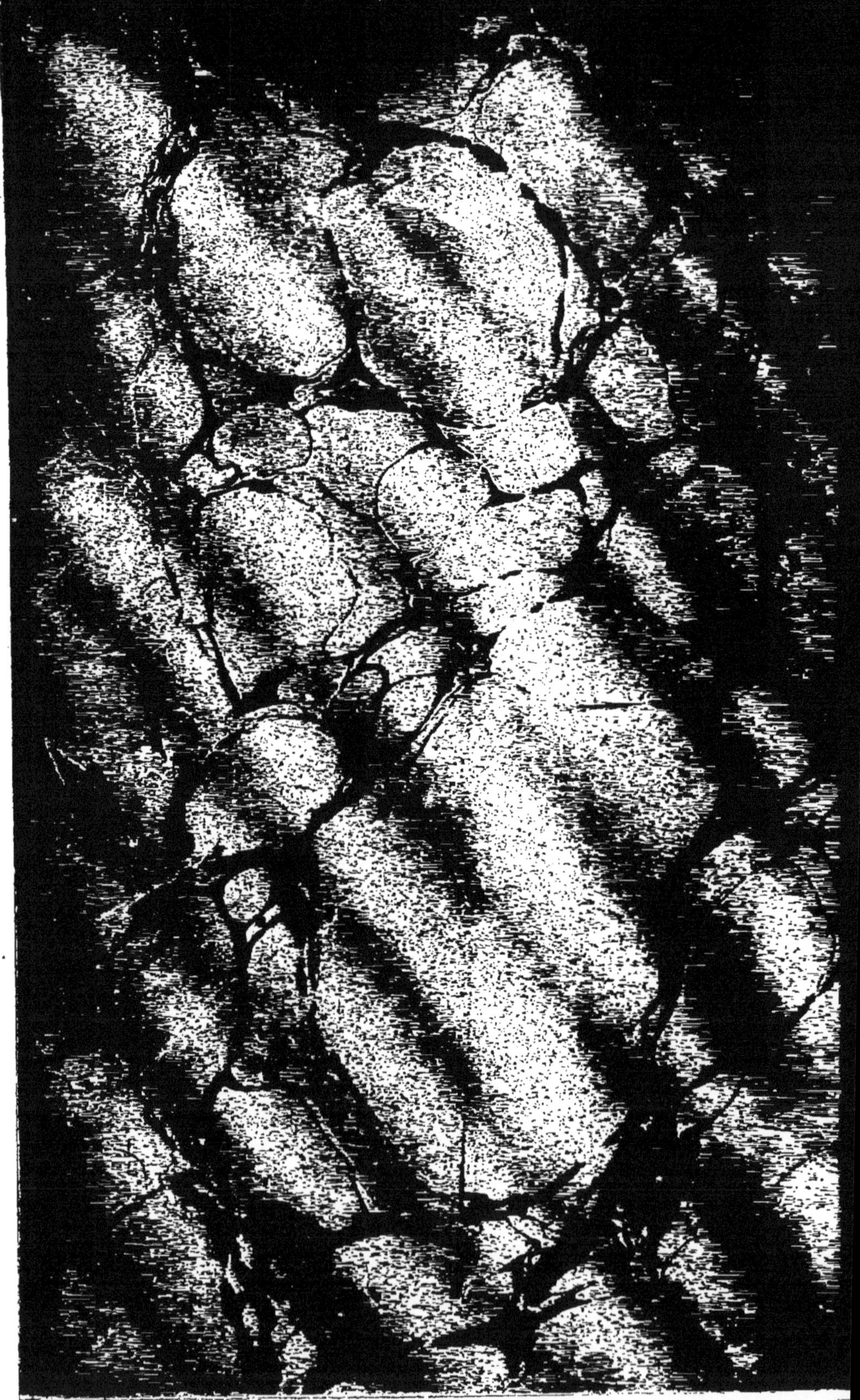

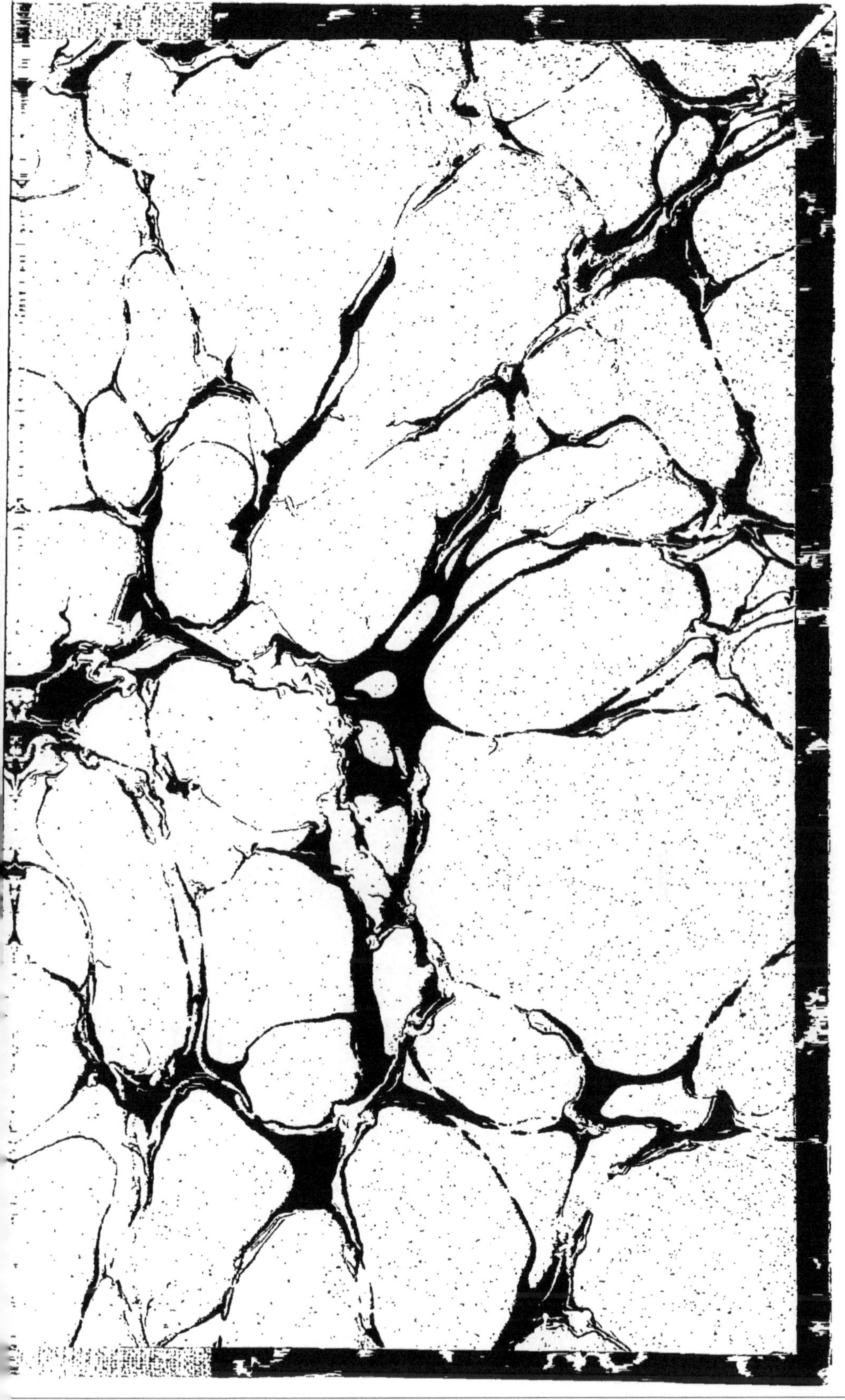

BIBLIOTHEQUE NATIONALE DE FRANCE
3 7531 04426463 9

www.ingramcontent.com/pod-product-compliance
Ingram Content Group UK Ltd.
Pitfield, Milton Keynes, MK11 3LW, UK
UKHW010913160726
13695UKWH00007B/698